JN203909

Basics of Business Report

これだけは知っておきたい

「レポート・報告書」の基本と常識 改訂版

迅速に、正確に書くための必携の1冊！

- ◉レポートと報告書の違いは？
- ◉内容にもれをなくす「5W3H」とは？
- ◉相手に読みやすいレイアウトのコツ
- ◉日報・週報・月報・年報から会議・提案・企画の書式例まで
- ◉出張・イベント・調査報告書から稟議書の書式例まで
- ◉事故対応に関するレポート・報告書の書式例

株式会社ザ・アール[著]

フォレスト出版

「書き直し！」と言われないために

　レポートや報告書は、仕事をするなかでいろいろな場面で提出を求められますが、作成に苦労している人が多くいます。

　こんな声をよく耳にします。

「いきなり『報告書を書け』と言われた」
「上手な報告書をつくれない」
「何度も『書き直せ！』と命じられる」
「どうまとめればいいかわからない」

　ビジネスにかかわる人なら、報告書やレポートを日常的に求められます。仕事をしていくうえでは、正確な情報の共有が非常に大事であるからです。

　たとえば、会社では上司は部下からの報告をもとに現場の状況を把握し、さまざまな判断を下しています。

　また、報告書は上司だけでなく、クライアント、プロジェクトメンバーに向けても重要な役割を果たします。

　報告書の役割は、「情報を迅速に伝える」「状況を正しく理解させる」ことです。

　もし、レポートや報告書を作成するのに長い時間がかかってしまうと、自分の仕事の妨げにもなるだけでなく、ようやくつ

くり上げて提出してもタイミングを逸してしまい、役に立たないものになりかねません。

　会社の販売ロスにつながったり、取引先との間に大きな問題を発生させてしまう可能性もあります。そのため、レポート・報告書は迅速に作成しなくてはなりません。また、相手に正しく理解されるものでなくてはなりません。

　迅速・正確でないレポート・報告書は、あなたの仕事への評価を下げてしまうことになります。

　そもそもレポート・報告書の作成は難しいことではありません。しかし、多くの人が「レポートや報告書を提出すること」に苦労しているようです。

　それはどうしてでしょう？

レポートや報告書の提出に苦労する理由

　レポートや報告書の提出に苦労する理由として、次のようなことが考えられます。

・日常業務が忙しくて落ち着いて書けない
・レポートや報告書の書き方を知らない
・要点のまとめ方がわからない

　こうした理由によって、多くの人がレポート・報告書の作成に苦手意識をもってしまいます。

　朝出社したときは、「今日こそ報告書を書き上げよう」と思っていたけれど、日々の業務が忙しくて、つい先延ばしに

なってしまう。

　いきなり上司に「報告書を書け」と言われたが、何をどう書いていいかわからない。

　書くべき内容はわかっているが、文章が下手だし、どうまとめていいかわからない。

　多くの人がそんな悩みをもっています。

書式例を参考にすればスラスラ書ける！

　会社では、あらたまって、レポートや報告書の書き方を教わることはほとんどありません。そのため、書き方・まとめ方がわからず、時間や手間がかかるのです。

　だからこそ、自分で「報告書をつくる基本」を身につける必要があります。

　報告書にはどんな種類があるのか、報告書にどのように情報をまとめればいいのか、それぞれの報告書にどのように書けばいいのかなど、レポート・報告書を作成するうえでの基本がわかれば、報告書はスラスラ書けます。

　基本を身につけることで、報告書に時間をとられることがなく、さらに自分の評価を上げることが可能になるのです。

　それでは、「レポート・報告書の基本」を学んでいくための流れを見ていきましょう。

　第1章では、「レポート・報告書の基本」を紹介します。レポート・報告書とは何か、なぜ作成する必要があるのか、レポート・報告書に必要なことは何かなど、レポート・報告書をつくるうえで基本となることを紹介します。

第2章では、「レポート・報告書の書き方・つくり方」を紹介します。ここではレポート・報告書をうまく書く方法などを具体的に紹介します。

　第3章では「評価されるレポート・報告書をつくるコツ」を紹介します。上手なレイアウトのしかた、表・グラフを使った効果的な見せ方、報告書を充実させる文章テクニックなどを身につけてください。

　第4章では、「日常業務で必要なレポート・報告書の書式例」を紹介します。「日報」「週報」や「会議報告書」「提案書」「企画書」など日常的に提出する機会の多い報告書の書き方と書式例を説明します。

　第5章では、「特別な業務に関するレポート・報告書の書式例」を紹介します。「出張報告書」「研修受講報告書」「イベント報告書」「調査報告書」などの書式例を示して、書き方を説明します。レポートのつくり方もここで解説します。

　第6章では、「事故対応などに関するレポート・報告書の書式例」を紹介します。「クレーム報告書」「事故報告書」「始末書」など、突然提出を命じられる報告書のつくり方、書式例を解説します。

　本書は、正確な内容が相手にわかりやすく伝わるレポート・報告書を、手早く作成することをめざしたものです。本書を使うことによって、あなたが「報告書1枚」で、上司、クライアント、同僚などからの評価を上げることができるよう願っています。

これだけは知っておきたい
「レポート・報告書」の基本と常識

目次

1回でOKが出る
レポート・報告書の書き方・つくり方

事故対応などに関する
レポート・報告書の書式例

レポート・報告書は
難しくない

1 そもそも レポート・報告書とは？

レポート・報告書はコミュニケーション・ツールの１つ

◎仕事の意思疎通に欠かせない文書

　会社は組織で動いていますから、自分１人だけで完結する仕事はありません。上司と部下、同僚同士、さらに取引先との関連もあります。

　上司はつねに、部下がどんな業務に取り組み、どう進めているのかを知らなければ、自分のチームの仕事を効率的に進めていくことはできません。部下がどんな仕事をしているのか、どの程度進んでいるのか、どんな問題を抱え、どのような成果をあげているのかなどを正しく把握しているからこそ、上司は的確な判断、指示ができるのです。

　取引先の実態は、取引先の担当者と直接やり取りをしている社員が一番よくわかっています。顧客のニーズを肌で感じているのも、現場の販売スタッフです。

　ところが、実際に経営判断を下すのはじかに現場に接しない幹部社員です。もし、「現場の実態」と「経営判断」との間に正しい関連性がなければ、企業は成長できません。だからこそ、幹部社員などの上司たちは詳細な報告を求めるのです。

 ## レポート・報告書の役割

> この仕事頼むね

> 承知しました

> Aプロジェクト

> お、予定どおり
> 進んでるね

> このように
> 進捗しています

> 報告書

レポート・報告書は上司と部下、

自社と取引先、会社と顧客をつなぐツール

自分だけが知っていて上司が知らなかったために、ビジネスチャンスを逃したり、ときにトラブルが発生したりすることもあります。同様のことは、チームのメンバー間や担当部署間にも起こりえることです。

　そのような事態を避けるためにあるのが、「レポート」や「報告書」です。会社において、**レポート・報告書は欠かすことのできないコミュニケーション・ツールの1つなのです。**

◎「よい報告書」はあなたの評価を上げる

　上司への報告や、社内で情報を共有する場合、口頭ですませるケースもあります。簡単な事務連絡なら、文書より口頭が適しているケースもあるでしょう。なにより口頭なら、その場で素早く伝えることができます。

　しかし、口頭での伝達には欠点があります。漏れなく伝えることが難しい。相手の受け取り方によって認識が異なってしまう。ときには伝えた内容を相手が忘れてしまうこともあります。相手が忙しいときには十分な時間がとれず、報告自体を聞いてもらえないこともあります。

　その点、**報告書は、正確な情報を、相手を時間的に束縛せずに伝えることができます。**現代はメールの活用をはじめ、文書で報告・連絡する機会が多くなりました。わかりやすく簡潔な文書としてまとまっていれば、相手は短い時間で内容を理解できるため、読む側の時間の有効活用に貢献します。そのため、文書作成能力の必要性が高まっています。

　「報・連・相」（報告・連絡・相談）の大切さはよくいわれますが、なかでも報告は文書で行うことが求められます。**よい報告書をつくる能力はあなた自身の評価につながります。**

口頭でなく文書で報告する

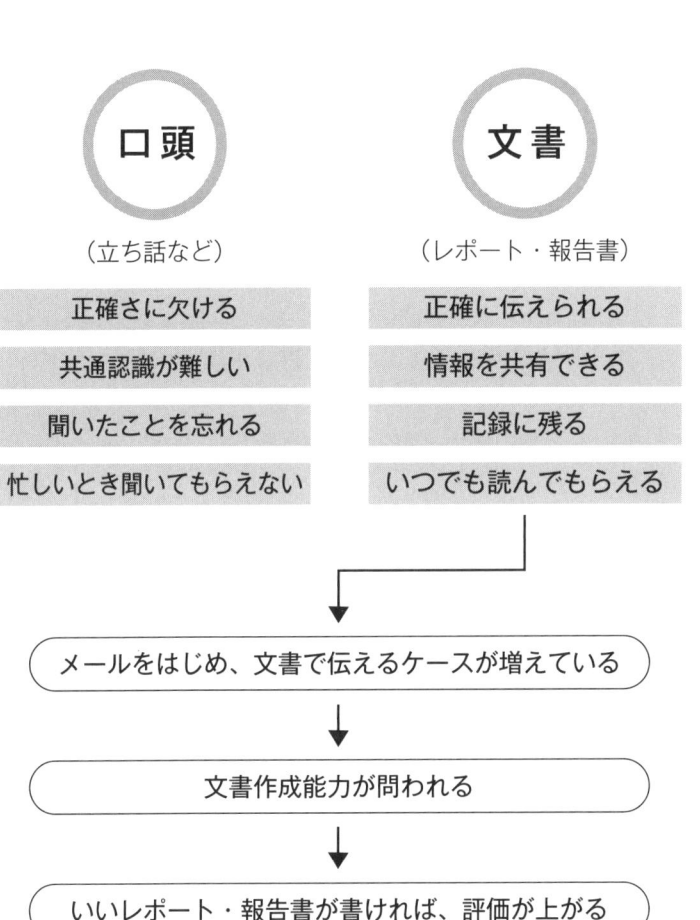

口頭
（立ち話など）

正確さに欠ける
共通認識が難しい
聞いたことを忘れる
忙しいとき聞いてもらえない

文書
（レポート・報告書）

正確に伝えられる
情報を共有できる
記録に残る
いつでも読んでもらえる

メールをはじめ、文書で伝えるケースが増えている

↓

文書作成能力が問われる

↓

いいレポート・報告書が書ければ、評価が上がる

2 レポートと報告書の違いは？

◎レポートは意見も交えて、報告書は事実ベース

「レポート」と「報告書」とはどう違うのでしょうか？

レポートと報告書には根本的な違いがあります。その違いを理解しておけば、よりよい文書が作成できますから、ぜひ整理して覚えておいてください。

レポートは決まった様式にとらわれず、比較的自由なスタイルで書けるという特徴があります。**客観的な事実に加え、自分なりの分析、提案、主張などを付加する**こともレポートの目的の1つです。直属の上司以外にも、プロジェクトメンバーや取引先、顧客などに提出するケースもあります。

一方、報告書はある程度決まった書式に従って書きます。会社でフォーマットが用意されている場合もあります。「報告するための文書」ですから、客観的な事実、その説明などが内容の中心になります。**自分自身の考え、提案ではなく、「現状はどうなっているのか」という事実ベースが基本**です。

報告書は、直属の上司など限定された人に向けて書かれているという特徴もあります。

 # レポートと報告書を書き分ける

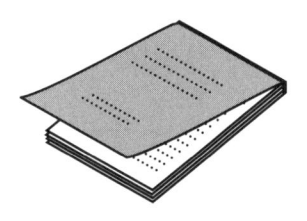

レポート

客観的事実
＋
分析・提案・主張

自由なスタイルで書く

上司のほか
プロジェクトメンバーや
取引先、顧客などに提出

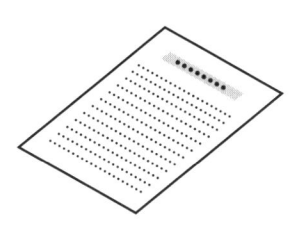

報告書

現状はどうなっているか
（客観的事実・説明）
事実ベースが基本

書式に従って書く

上司など
限定された人に提出

3 レポート・報告書は 3種類ある

定期か不定期か、提案・主張をするためか

◎目的に沿った文書をつくる

　会社で求められるレポート・報告書には数多くの種類があります。日報や週報に始まって、出張や会議、調査の報告書、提案書、企画書などです。

　それぞれに目的がありますから、その目的に沿った文書をつくらなくてはなりません。個々の文書には、それぞれ特徴があり、重点を置くべきポイントも違います。

　そこでわかりやすいように、さまざまなレポート・報告書を「定期の報告書」「不定期の報告書」「提案・主張をするための文書」という3種類に分類してみます。

　種類に応じて、それぞれ注意すべきポイントを整理しておきましょう。

〈定期の報告書〉

「日報」「週報」「月報」「期報」「年報」など、ある決まった時期に提出しなければならないものが定期の報告書です。これらの書類は、期日を守って出さなくてはなりません。

レポート・報告書の３分類

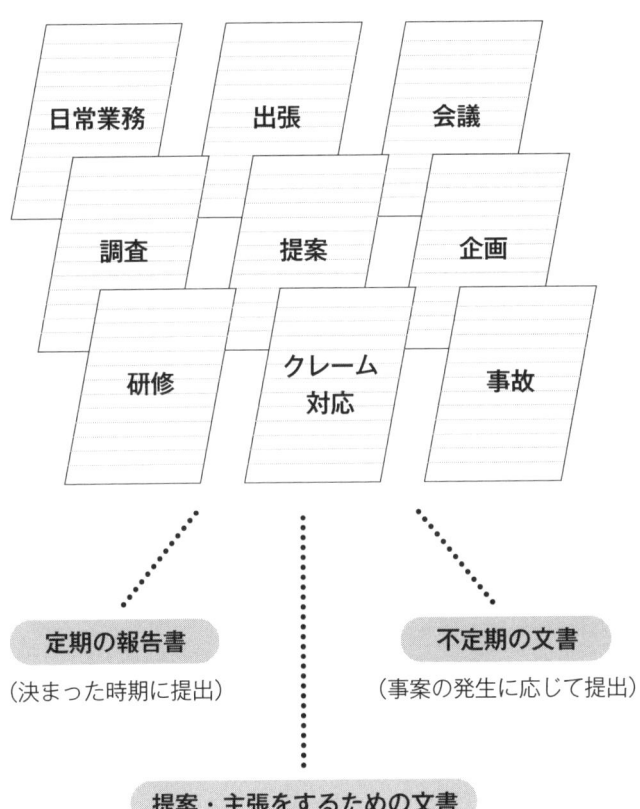

日常業務	出張	会議
調査	提案	企画
研修	クレーム対応	事故

定期の報告書
（決まった時期に提出）

不定期の文書
（事案の発生に応じて提出）

提案・主張をするための文書
（業務の進行に必要なときに作成）

期日に間に合わない週報では、本来の意味をなしません。フォーマットを決めるなど効率的に作成を進める工夫をするとよいでしょう。

また、日報、週報など、毎日（あるいは毎週）同じことを書いてしまうという人がいますが、相違点を書くという意識をもちたいものです。昨日（前回）とは何が違ったのか、どこまで進んだのかを基準に書くことが大切です。

〈不定期の報告書〉

不定期の報告書には、「クレーム対応報告書」「始末書」「事故報告書」「特定のプロジェクトの報告書」などがあります。

事故報告書などは、迅速に作成し、すぐに提出するというスピードが求められます。とくに事故報告の場合には、状況が不確かであっても、まずは第一報を入れることが大切です。

研修報告書、プロジェクト報告書などは、内容の質が問われます。内容を十分に把握して、それを分析する力も必要になります。この場合も、相手が「情報の量」を求めているのか、「必要な要素を絞り込んだもの」を求めているのかなど、相手の状況を考慮することが大切です。

〈提案・主張をするための文書〉

「企画書」「意見書」「提案書」「稟議書」「各種レポート」などが、提案・主張をするための文書です。

これらの文書は提出のタイミングが大切です。適時求められるときに自分の考えを整理して作成します。集めた情報の質、整理された自分の意見など、トータルの説得力がもっとも要求される文書です。

3種類のレポートと報告書

定期の報告書

日報、週報、月報、年報
会議報告書、出張報告書など

⋮

フォーマットを用意して効率的につくる

不定期の報告書

クレーム対応報告書、事故報告書
始末書、顛末書、プロジェクト報告書など

⋮

情報の質や量を考慮して作成する

提案・主張をするための文書

企画書、提案書
稟議書、各種レポートなど

⋮

トータルの説得力が求められる

4 このポイントを
必ず押さえよう！

「相手が何を求めているか」を考えてつくる

◎「相手が何を求めているか」を考える

　会社では、さまざまなレポート・報告書が求められます。「忙しいときに、こんな書類をわざわざつくる必要があるのかなぁ」と思うこともあるかもしれません。

　文章を書くこと、文書を作成すること自体が苦手な人もいます。それでも、会社の業務を円滑に進めるうえではなくてはならないものですから作成しないわけにはいきません。

　まず、「わざわざこんな書類を ……」という気持ちを払拭して、そのレポート・報告書の必要性を考えてください。

　レポート・報告書の基本は「相手が何を求めているか」を考えることです。決まりだから書くのではなく、**「上司はこの報告書をどのように活用するのだろうか？」** と意識しながら作成することが**重要**です。

　「こんなレポート・報告書は意味がないのでは ……」と必要性を理解できていない人が作成したレポート・報告書には、文書作成における最重要ポイント「相手が求めること」が完全に抜け落ちていることがあります。

# 作成するときの意識で完成度が違う

こんなレポート・報告書は
意味がないのでは ……

「相手が求めること」が
抜け落ちた文書になる

上司はこの報告書を
どう活用するのか？

伝えるべきポイントが絞られてくる
提出するタイミングも見えてくる

「相手が何を求めているか」を真剣に考えれば、自ずと伝えなければならないポイントが絞られてきます。同時に、どんなタイミングで提出すべきかも考えるようになるはずです。

◎スピードを優先するか、質を重視するか

　上司にレポートや報告書を提出したとき、「私が求めているものと違う。書き直しだ！」と突き返された経験がある人も多いのではないでしょうか。

　文書は、相手が求めていることをしっかりイメージして作成しなくてはなりません。イメージがズレてしまっていたら、求められているものはつくれません。

　レポート・報告書を作成するにあたっては、相手がどんな情報を求めているのか、共通理解をもっておくことが非常に大切なのです。

　たとえば、営業報告が求められる場合には、「契約件数だけでもいいからすぐに報告してほしい」というケースもあれば、「新たな営業戦略を付け加えること」を要求する上司もいるかもしれません。「速やかに契約件数を報告すること」を求められているのに、時間をかけて練り上げた営業戦略を提案しても上司のニーズに応えることはできません。

　レポートや報告書を作成する前に、相手はどんなことを求めていて、自分が何を伝えるべきかを明確にしておくことが非常に重要なのです。

　よいレポート・報告書とは、必要な情報が、適切なタイミングで相手に伝わる文書です。裏を返せば、まず相手のニーズを知って、情報とタイミングを吟味、精査することが、レポート・報告書を作成するコツなのです。

 ## 必要な情報を適切なタイミングで

5 メールでの報告は
こうする

◎正式なビジネス文書であることを忘れずに

　メールはビジネス・コミュニケーションに不可欠なツールです。レポート・報告書をパソコンで作成して送信するケースも多く、簡単な報告ならメールだけですませることもあります。

　メールは非常に便利ですが、その手軽さゆえに注意しなければならない点もあります。

　まず、メールとはいえ、正式なビジネス文書なのだという意識を忘れてはいけません。**誤字・脱字などに十分注意**します。

　また、メールを送っておけば、必ず相手に伝わっていると信じ込むのも危険です。メール自体が届かない通信トラブルは稀だとしても、仕事のメールを1日に100件以上受け取るという人もいます。とくに上司には部下からたくさんのメールが送信されるでしょう。そんな相手に確実に読んでもらうためには、**わかりやすい件名をつける**などの工夫が必要です。

　「○○社の件」では、どんな内容なのかわかりません。契約に関するものなら「○○社との契約の件」などと、件名を読むだけで何に関するメールなのかがわかるようにします。

 # メールで報告するときのポイント

誤字・脱字などに注意

送信する前に必ず読み返して
文章におかしな点がないか確認する

誤送信に注意

間違った相手に送ると
トラブルになる場合もあるので、
必ず送信先を確かめてから送る

件名は内容がひと目でわかるように

相手に読んでもらえるように
件名を見ただけで内容がわかるようにする

## 第 2 章

1回でOKが出る
レポート・報告書の
書き方・つくり方

1 レポート・報告書の基本とは？

伝えたい内容を正しく相手に伝える

◎「相手が読む気になる文書」を書く

レポート・報告書においてもっとも大切なのは「伝えたい内容を正しく相手に伝える」ことです。どんなに立派な内容でも、相手に伝わらなければまったく意味がありません。

では、"相手に伝わらないレポート・報告書" とはいったいどのようなものなのでしょうか。

それは、ズバリ "相手に読んでもらえない文書" です。

当たり前の話ですが、意外にこれを意識せずにレポートや報告書を書いている人がたくさんいます。その人たちは、「提出すれば、上司は必ず読んでくれる」と思っているようです。

上司も仕事ですから、提出された文書には、ひととおり目を通すでしょう。しかし、それで十分に内容を理解してもらえるとは限りません。ダラダラと長い文章が連なっている報告書であれば、読むのに苦労します。そんな文書では、要点が相手に伝わりません。そもそも読む気になりません。

相手が読む気になること、一読しただけで内容が理解できること。これこそがレポート・報告書の基本なのです。

 # メールで報告するときのポイント

相手に読んでもらえない文書

相手が読みたくなる文書
読んですぐわかる文書

◎「結論が伝わる文書」を書く

　相手に伝わりやすいレポート・報告書をつくるポイントは、「何を伝えるのか」をはっきりさせておくこと。核心があいまいなまま文書をつくり始めても、結局は「何が言いたいの？」と相手に思われる文書ができ上がるのがオチです。

　具体的に考えてみましょう。

　たとえば、A案とB案ではどちらがより適切なのかを伝える調査報告書を作成するとします。さまざまな情報、状況を吟味した結果、「B案のほうがいい」と判断したとしましょう。

　このとき一番伝えたい内容は「B案のほうが適切」ということです。これが結論です。

　レポート・報告書を作成するときは、「**この結論を相手に伝えるんだ**」という意識を忘れてはいけません。ここで作成する文書は、「B案のほうが適切」という内容を伝えるためにあるのです。

　文書を構成する要素には、結論のほかにも、調査内容・結果、分析、標題などたくさんあります。それらの要素をどのように配置するかによって、レポート・報告書の価値は大きく違ってきます。

　一般の文書は、「**標題**」→「**調査内容・結果**」→「**分析**」→「**結論**」という順番で構成されます。この基本を押さえつつ、「どうしたら、一番大切なことを相手に伝えられるか」を考え直してみてください。すると、標題のすぐあとに結論を置くという方法もあるでしょう。「まず結論が知りたい」というタイプの相手の場合には、この構成がよいかもしれません。このように、目的に合わせた工夫が大事なのです。

「伝わる構成」で書く

レポート・報告書の基本構成

標題　調査内容・結果　分析　結論

この構成で一番大切なことが伝わるか

標題のすぐあとの結論を置く方法もある

調査内容は
このように……

私は先に
結論が知りたい

2 内容にモレがないようにするには？

◎「5W3H」が書かれているか

レポート・報告書において「伝えたい内容にポイントを置く」のは大事なことです。しかしそれは、自分が注目している部分だけを書くという意味ではありません。

たとえば、仕事上でトラブルが発生し、それを伝えるときに「○○という重大な問題が発生しています」とだけ報告しても、上司は状況を正確に把握できません。

重大な問題が発生して部下が困っていることは伝わるかもしれませんが、それだけの情報では上司はアドバイスのしようがありません。

レポート・報告書の内容は「5W3H」を基本とします。

When？…… いつ？　　Who？…… 誰が？

Where？…… どこで？　　What？…… 何を？

Why？…… なぜ？　　How to？…… どのように？

How much？…… いくらで？　　How many？…… いくつ？

これらの要素がモレなく書いてあれば、相手はたいていの状況は理解できるはずです。

 ## ビジネス文書に必要な8つの基本情報

When?	…………	いつ？
Who?	…………	誰が？
Where?	…………	どこで？
What?	…………	何を？
Why?	…………	なぜ？
How to?	…………	どのように？
How much?	…………	いくらで？
How many?	…………	いくつ？

「5W3H」を意識して書く

社内で、報告書の決まったフォーマットがある場合は、「５Ｗ３Ｈ」の欄が最初から用意されていることがあります。その際には、できるだけ空欄をつくらないように記入すればよいので、とくに問題はありません。注意しなければならないのは、決まったフォーマットがなく、自分自身で自由に文書を作成する場合です。

　このとき、伝えたい内容を意識するあまり、「５Ｗ３Ｈ」の基本情報を書き忘れてしまいがちです。

「問題が発生したのは今日に決まっている」「自分が担当している取引先はＡ社なので、相手はＡ社しかない」など、自分にとって当たり前の事柄をつい書き漏らしてしまうのです。

　ところが、報告を受ける相手にとっては、それらの基本情報（この場合は、When や Who、Where）がなければ、いつどこで起こったのかさえわかりません。

◎「５Ｗ３Ｈ」でメモをとる

　文書を作成するときには、つねに冷静に「相手にとってわかりやすく」を念頭に置きます。

　レポート・報告書は、相手のために作成するものです。**「相手にわかるように書く」を具体化するために、「５Ｗ３Ｈ」を意識し、書き終えたあとも「５Ｗ３Ｈ」が盛り込まれた文書になっているかを確認しましょう。**

「５Ｗ３Ｈ」は、外回りなどの業務中にメモをとるときにも重宝します。必要事項を漏れなく記録できるだけでなく、「５Ｗ３Ｈ」を押さえたメモをとっておけば、日報や週報などに記入する際にも役立つので、結果としてレポート・報告書作成の時間を短縮することができます。

「5W3H」の基本情報を押さえる

問題が発生したのは
今日に決まっているし、
自分が担当している取引先はA社なので、
相手はA社しかない

5w3H

自分を基準に思い込みで書く

When?……今日
Who?……私が
Where?……A社で
What?……トラブルが
Why?

How to?
How much?
How many?

5w3H

「5W3H」の基本情報を押さえて書く

3 信頼されるレポート・報告書をつくるには？

◎コツがわかれば短時間でつくれる

「きみの提出するレポート・報告書は、いつも信頼できる」と上司から言われる文書をつくりたいものです。

実際には、「A君の報告書はじつに正確で信頼できるのだが、B君のはどうしようもない」などということが頻繁に起こります。「報告書なんて、とりあえず出しておけばいい」と安易に考える人もいるかもしれませんが、報告書ひとつで上司からの評価はまるで違ってきます。

レポート・報告書は、それが日報であっても、相手に信頼され、評価される文書を作成したいものです。

こういうと、「日々の報告書にそれほど時間をかけていられない」と反論する人もいますが、実際には「信頼される報告書」も「いい加減な報告書」も、作成するのにかかる時間はそう大きく変わりません。

レポート・報告書の作成に多くの時間がかかる人は、文書作成のコツを理解していないためです。**ポイントさえわかれば、いくらでも時間を短縮することができます。**

 # 仕事の評価が高い人・低い人

ポイントを押さえて素早く作成できれば、上司だけでなくクライアントやプロジェクトのメンバーからの評価もまるで違ってくるでしょう。

◎「正確さ」と「具体性」に注目する

　第一のポイントは「正確さ」です。

　誤字・脱字がないこと、データや数字が正確であることはビジネス文書の大前提です。

　ちょっとした言い回しについて何度も修正している人を見かけることがありますが、そんな作業に時間を使うよりも、数字をチェックするほうがよほど重要です。

　小学生の作文のような稚拙な表現では困りますが、少しくらい拙い文章でも、「彼の報告書は内容に間違いがない」という評価を得られるように内容の確かさに気を配りましょう。

　そのためには、誤解のない文章を心がけること。細かな文章表現に気を配るあまり、読み手によって理解度が異なったり、解釈に違いが出るようでは意味がありません。平易な文章で、誰が読んでも同じように理解できることが肝心です。

　また、レポート・報告書では、**どれだけ具体性があるか**も問われます。

　具体的なデータ、数字を盛り込まず、「多くのニーズが……」「かなりのコストダウンが……」「けっこうな日数が……」「速やかに改善を……」という表現ばかりでは説得力に欠けます。事実をしっかり伝えることが重要です。

　作成したレポート・報告書を見直すときには、**より具体的にできる箇所はないかを意識する**ことが大切です。

 ## 評価されるレポート・報告書の3要素

誤解を与えない文章

平易な文章で、
誰が読んでも
同じ理解ができる

正確性

誤字・脱字がない
データや数字が正確

具体性

抽象的な言葉ではなく
データや数字で
事実を伝える

4 文章の表現は簡潔に！

◎まわりくどい表現がないかチェック

　レポート・報告書では「伝えるべき内容を正しく伝える」ことが求められます。では、どうすれば正しく伝えることができるのでしょうか。

　次の2つを意識します。

「相手を読む気にさせること」

「どんな相手に対しても同じ内容が伝わること」

　この2つを成り立たせるうえで、一番やってはいけないのが"まわりくどい表現"です。

　まわりくどい表現をすると、読む気を失わせるばかりか、読み手によって理解度や解釈にばらつきが出てくる危険性があります。

　表現は徹底的に簡潔にする。この意識が非常に大切です。

　具体例を挙げてみましょう。

「AはBですが、場合によってはCのこともあり、例外的にDのようなケースも考えられます」

「まわりくどい表現」をしない

伝えるべき内容を正しく伝える

2つを意識する

1 相手を読む気にさせる

2 どんな相手に対しても同じ内容が伝わる

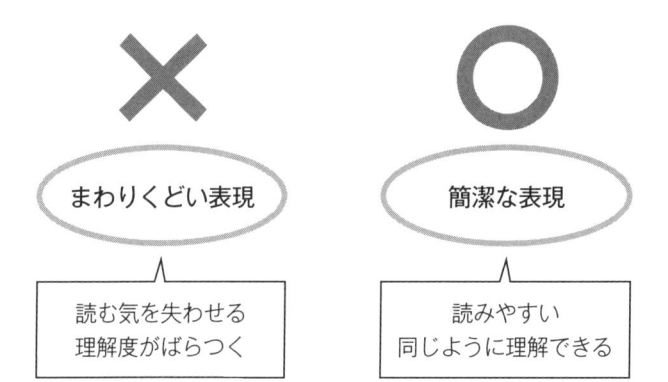

×	○
まわりくどい表現	簡潔な表現
読む気を失わせる 理解度がばらつく	読みやすい 同じように理解できる

これは、できるだけ論理的な印象を与えようとして、ついついやってしまうまわりくどい表現です。一度読んだだけでは、何が言いたいのかはっきりしません。

　次の文章はどうでしょうか。

「AはBです。しかし、例外的にC、Dの場合もあります」

　このように簡潔な表現を用いれば、すんなり理解されるでしょう。伝えるべき内容を的確に相手に届けるには、**文章を短く区切り**、**言いたいこと**を**整理**しなければなりません。

　もちろん、より高いレベルで深い内容が求められるときには、表現に工夫を凝らし、書き手の個性を出すことも必要かもしれません。しかし、まずは「正しく伝える」という基本形をマスターすべきです。

　レポート・報告書に名文は必要ありません。簡潔、かつ的確に情報を伝えることが最優先です。

◎ひと目でわかるタイトルをつけよう

　レポート・報告書では、その内容を示すタイトルをつけますが、ひと目でわかるタイトルをつけたいものです。**相手がひと目見て、何に関する文書なのかがわかるタイトル**をつけます。

　カッコいいタイトル、おしゃれなタイトルは必要ありません。内容を端的に示していればOKです。

　たとえば、「○○商品　販売実績報告書」「○○市　市場調査報告書」とタイトルをつければ、その報告書が何について書かれているのかすぐにわかります。タイトルは「ひと目でわかること」が何より大切です。

 # わかりやすい表現・わかりにくい表現

AはBですが、
場合によってはCのこともあり、
例外的にDのようなケースも考えられます

どういうこと？

AはBです。しかし、
例外的にC、Dの場合もあります

なるほど！

文章を短く区切り、

言いたいことを整理しよう

5 読み手によって 書き方を変える

ちょっとした気遣いが高評価につながる

◎**相手が替われば、評価ポイントも変わる**

　レポート・報告書は誰が読んでも同じように情報が伝わることが大切ですが、相手によって、ちょっとしたアレンジを加えることが必要になる場合があります。

　たとえば、人事異動で上司が替わったときなど、**以前の上司には認められていた報告書が、新しい上司にはまったく評価されない**ということが起こりえます。

　よい報告書なら、どんな相手にも評価されるはずですが、実際には上司（報告を受ける側）にも考え方や好みの違いがあります。

　たとえば、真っ先に結論を求めるタイプの人もいれば、じっくりとした論理展開や考察などを好む人もいるでしょう。誤字・脱字が大嫌いで、多少時間がかかっても完璧な報告書が一番という人もいれば、少々の誤字・脱字には目をつぶり、とにかくスピードを重視するというタイプもいます。

　「前の上司はこれでＯＫだったのに……」と文句を言っても始まりません。新しい上司に合わせるしかありません。

 # 提出先のタイプを知る

これじゃダメだ
書き直し！

A部長はOK
だったのに……

B部長

先に結論を
求めるタイプ？

完璧な文書を
求めるタイプ？

スピードを重視
するタイプ？

論理・考察を
好むタイプ？

詳細なデータを
求めるタイプ？

クライアントの決定権をもつ人が替わった場合などは、より積極的に相手の傾向を知る必要があります。

◎スピードか、正確さか

報告する対象が替わった場合は、相手がどんなレポート・報告書を求めているかを考えてみましょう。

結論を急ぐタイプならば、報告書の一番上に結論をもっていくべきです。場合によっては結論を大きな見出しにしておくことも有効でしょう。

詳細な数値、データを求める人ならば、別途、詳しい参考資料を付けるという方法もあります。

また、上司によっては、「君の意見はどうなんだ？」という人もいれば、「君の意見は聞いてない、客観的な事実が知りたいんだ」というタイプもいます。部下としては上司のタイプを見極めて、事実と意見のバランスを微妙に変えていかなければなりません。

また、ことあるごとに早急な報告を求めるような上司なら、素早く作成できるように、自分なりに簡単なフォーマットをつくっておいて、空欄を埋めるだけという下準備をしておき、求めに応じて対応するのも一案です。

性格、趣向とは別に、年齢や立場、知識レベルなどを考慮することも大切です。

高齢の人が相手なら、通常より少し文字サイズを大きくするとか、転属して間もない人に対しては部署内で使っている専門用語を避けるなど、**ちょっとした気遣いが、意外な高評価につながることもあります。**

タイプ別に対応する

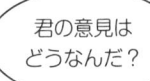

君の意見は
どうなんだ？

君の意見は聞いてない
客観的な事実が
知りたいんだ

タイプを見極めて、
事実と意見のバランスを
微妙に変える

結論を急ぐタイプ

詳細なデータを求める人

一番上に結論をもっていく

別途参考資料を付ける

6 レポート・報告書は 時間をかけずにつくる！

自分が知っていて、相手が知らないことだけ書く

◎必要のないことは書かない

　よいレポート・報告書をつくる秘訣（ひけつ）は、**時間をかけずにつく
ること**です。

「えっ!?」と驚かれそうですが、仕事ができる人は往々にし
てレポートや報告書を作成するのが速いものです。報告書の作
成が苦手な人は、どんなに時間をかけても、まともな文書がで
き上がらないという悲しい現実もあります。

　この差はいったいどこにあるのでしょうか。

　それは「何が求められていて、何が求められていないか」を
明確に理解しているかどうかの違いです。

　そもそも報告書とは、自分が行った仕事の内容、自分が知り
得た情報などを他の人に伝え、情報共有することを目的として
います。つまり、**自分が知っていて、他の人が知らないことが
報告すべき対象**です。

　ところが、報告が苦手な人は、他の人が知っている内容も含
めて、くどくどと述べてしまう傾向があります。必要のないこ
とを書くのに時間がかかって提出が遅れてしまうのです。

 ## 苦手な人・上手な人の違い

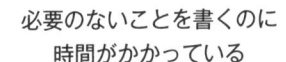
レポート・報告書に
何が求められていて、何が求められていないか

必要のないことを書くのに
時間がかかっている

求められていることだけを
書くので時間がかからない

報告が苦手な人

報告が上手な人

そこでまず、「自分以外の人が知っているかどうか」という視点で情報の取捨選択をしましょう。すでに報告ずみの情報で、その後の状況に変化がなければ、「変化がない」という事実だけを伝えれば十分です。

日報、週報において書くべきことの中心は、今日（あるいは今週）やったことではありません。報告すべきは、昨日（あるいは先週）との違いです。

今日は昨日とどこが変わったのか、どれだけ仕事が進んだのか、という部分こそもっとも求められる情報です。報告書に書くべきポイントを絞ることができれば、それだけ時間短縮につながります。

◎相手が知らないことはすべて報告する

手早くレポート・報告書を書くために考えるべき、次のポイントは、**「読む人がどんな情報を求めているか」**です。

第一段階としては、自分以外の人が知らないことは、すべて報告するくらいの姿勢でかまいません。

日報、週報、その他の文書、メールなど、相手を時間的に縛らない限り、なんでも報告して情報共有に努める。これは決して悪い意識ではありません。

その際、大切なのは迅速な報告であることです。

「いずれ伝えればいい」と思っている情報があれば、今すぐ伝えておきましょう。上司やクライアントは、立場によってまったく違うレベルで考えを巡らせています。

自分が考えている以上に、情報は素早く伝えることが大事ということをぜひ覚えておきましょう。伝えたいことがあるのなら、すぐに報告しましょう。

 ## レポート・報告書を素早く作成するコツ

1 盛り込む情報の取捨選択をする

- 自分以外の人が知っているかどうか
- 相手が知っている情報は書き込まない

2 書くべきポイントを絞っていく

- まず相手が知らない情報はすべて報告する
- 次回は変更点だけを伝える

3 「今すぐ報告する」ことを意識する

- どんな相手も新しい情報を求めている
- 「いずれ伝えればいい」情報も今すぐに伝える

7 「期限」と「タイミング」を意識する！

レポート・報告書には3種類の期限がある

◎**期限までに報告しなければ意味がない**

　レポート・報告書には、**提出の期限が明確に設定されている**ものと、**期限がゆるやかなもの、緊急を要するもの**の3種類があります。

　情報伝達の基本は迅速であること。提出期限が決められているのに遅れてしまうのは、犯してはならないミスです。「日報」「週報」「月報」などは期限が決まっている報告書の典型例です。ひどい人になると、週末近くに日報をまとめて書くというケースもよくありますが、これでは日報の意味がまったくありません。

　期限が設定されているレポート・報告書は、その期限内に出すことに最大の意味があると心得てください。

◎**急を要する場合はまず第一報を**

　日報、週報のように決まった期限がなくても、とくに急がなければならない報告書もあります。それは「事故報告書」「クレーム報告書」「顛末書」などの類です。

レポート・報告書の3つの期限

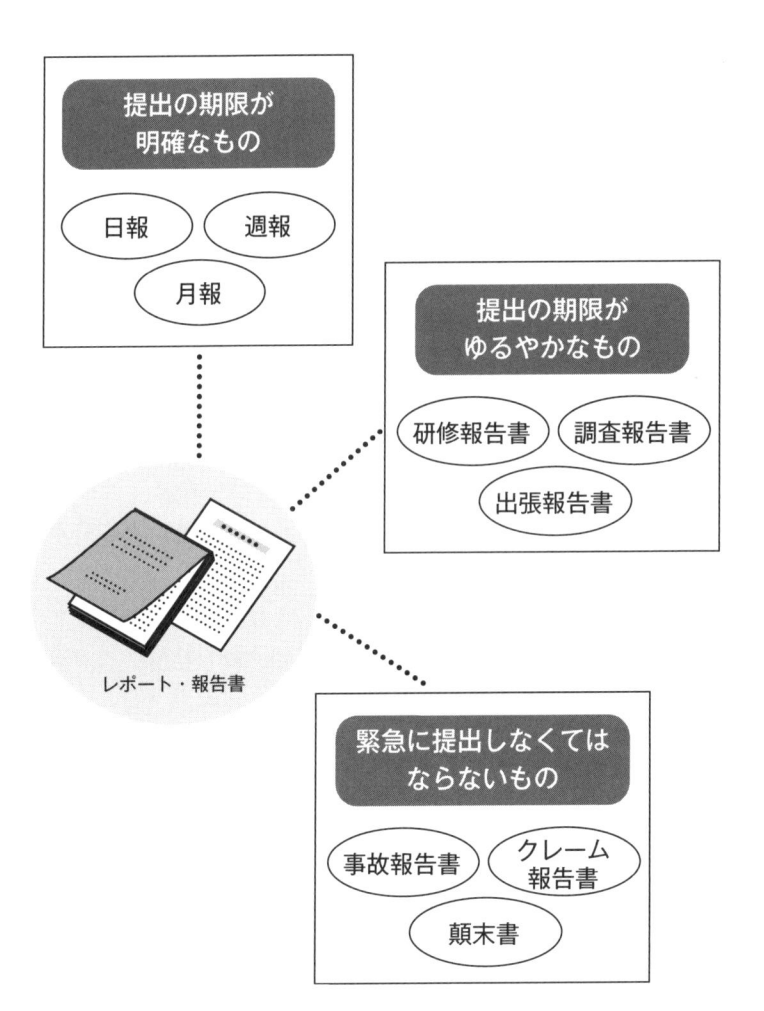

提出の期限が
明確なもの

日報 週報

月報

提出の期限が
ゆるやかなもの

研修報告書 調査報告書

出張報告書

レポート・報告書

緊急に提出しなくては
ならないもの

事故報告書 クレーム
報告書

顛末書

これらの書類は、何よりもスピードが重要視されます。もちろん５Ｗ３Ｈを意識して文書作成にあたりますが、すべての項目が揃わない場合でも、とりあえず現状について早急に報告しておかなければなりません。

　第一報のような形で簡単な報告書を出して、さらに第二報、第三報として徐々に詳細な情報を伝えていくという方法もあります。

　大きなトラブルが発生しているとき、わずかな情報のみで報告すると「もっと、きちんと調べてこい！」と怒られることもあるかもしれません。しかしそれは「わずかな情報なら、報告する必要はない」という意味ではありません。ケースバイケースですが、細かな情報を迅速に報告してくる部下を嫌う上司は少ないでしょう。

　事故報告書ほど急を要さず、期限がゆるやかな「研修報告書」「調査報告書」「出張報告書」なども、タイミングを逃さずに提出することが大切です。

　出張を終えてから何カ月も経ったあとに出張報告書を出すようでは、報告の意味がありません。出張の帰りに５Ｗ３Ｈのメモを整理して、報告書の構成を考えておくくらいスピーディに処理しましょう。

◎どうしても期限に間に合わないとき

　期限を守れそうにないときには、それが判明した時点で何らかの連絡をしておくことが大切です。

　そのときにも、ただ遅れるというのではなく、現状を伝え、いつまでに提出可能なのか、新たな期限を明確にしておかなければなりません。締切りのない仕事はありません。

 # 急を要するレポート・報告書の作成法

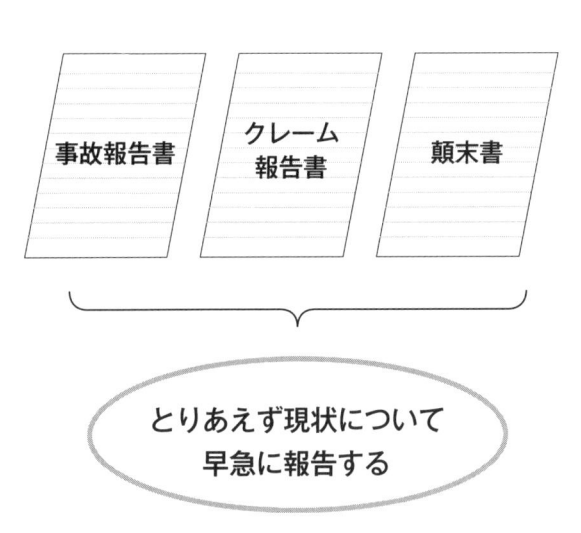

事故報告書　　クレーム報告書　　顛末書

とりあえず現状について
早急に報告する

第一報のような形で簡単な報告書を出す

さらに第二報、第三報として
徐々に詳細な情報を伝えていく

8 ポイントをチェックして完成！

初見のつもりで読んで最終チェックする

◎提出する前に４つのポイントで確認

　レポート・報告書ができ上がったら、必ず最終チェックをしましょう。それもなんとなくチェックをするのではなく、確認すべきポイントを押さえて見直すことが重要です。

　まず、**第一のチェックポイントは、間違いがないか**。誤字・脱字はもちろん、数字・データの誤り、文体（ですます調、である調）が混在していないかなどを詳細に確認します。

　次に、**まわりくどい表現、わかりにくい言い回しなどを簡潔にすることができないか**をチェックします。

　説明不足があれば補足し、不要な表現はどんどん削除していきましょう。

　さらに、**言いたいことがきちんと伝わる構成になっているかを確認**します。意外にも、これはおろそかになりやすい項目の１つです。

　このレポート・報告書によって、いったい自分は何を伝えようとしているのか ── 基本に立ち戻って、初見のつもりで最終チェックをしましょう。

提出前のチェックポイント

1 間違いがないか？

誤字・脱字はないか

数字・データの誤りはないか

文体（ですます調、である調）が混在していないか

2 文章をより簡潔にできないか？

まわりくどい表現、わかりにくい言い回しなどないか

不要な表現はどんどん削除していく

3 説明不足はないか？

説明が足りない場合は補足する

4 構成は適切か？

言いたいことが伝わる構成になっているか

このレポート・報告書で何を伝えようとしているのか

基本に立ち戻って、初見のつもりで最終チェックする

第３章

評価される
レポート・報告書をつくる
10 のステップ

1 レポート・報告書の最適な枚数は？

「一枚主義」なら簡潔にまとめられる

◎レポート・報告書は1枚でいい

　繰り返し述べているように、レポート・報告書でもっとも大切なのは、「伝えるべき内容を正しく相手に伝えること」。そのために、「一枚主義」をおすすめします。

　レポート・報告書の内容を端的に相手に伝えようと思ったら、可能なかぎり"一枚主義"を貫きましょう。

　文書を1枚だけで完結させ、全容を相手に伝えるなら、それがもっともよいレポート・報告書です。

　実際には、参考資料を添付するなど、それぞれの状況に即した対応が必要なケースも多いのですが、基本は1枚で完結させるよう努力してみましょう。

　みなさんの周囲には、分厚い報告書を自慢げに作成している人がいるかもしれません。そんな人を目の前にすると、1枚の文書では貧相に感じるかもしれません、しかしレポートも報告書も分量を競うものではありません。

　レポート・報告書は、知らせなくてはならないことを相手に確実に伝えるために作成します。

報告書は1枚で！

ページの多い分厚い報告書

1枚にまとめた報告書

時間と労力をかけてボリュームのある報告書を作成しても、それだけの内容が相手に伝わるかといえば、そんなことはありません。むしろ、訴えることが散漫になり、一番言いたいことが伝わりにくくなります。

　さらに、分厚い文書は最終チェックが大変です。チェックが不十分になれば、誤字・脱字や数値の間違いを起こす可能性が高まります。時間と労力をかけて、間違いだらけの文書をつくるようでは何の価値もありません。

◎情報が整理され、共有しやすい

　一枚主義には、読み手にとってもメリットがあります。

　全体に目を通しやすくなり、そのレポート・報告書が何を主張しているのか、どこを強調しようとしているのかを容易に感じ取ることができるはずです。

　また、1枚にまとまっているので、それだけ情報が整理され、共有しやすいという側面も見逃せません。

　それをもとにミーティングをするときにも、ペラペラと紙をめくる必要がなく、焦点の合った会議が実現するでしょう。

　このように一枚主義はいいことずくめです。

　一枚主義でレポート・報告書を作成しようとすれば、「本当に大事な情報は何か？」「無駄を省くにはどこを削ればいいか？」といった意識が高まってきます。自然と簡潔な表現を用いるようになります。

　一枚主義で作成した文書ができ上がったら、一度じっくりと眺めてみてください。読むのではなく、眺めるのです。**さっと眺めただけで言いたいことがつかめれば、提出する相手にもきっちりと伝わること間違いなしです。**

 **一枚主義のメリット**

分厚い文書

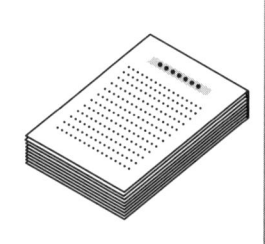

分厚い文書

- 訴えることが散漫になる
- 一番言いたいことが伝わりにくい
- 作成に時間をとられる
- チェックが不十分になる

1枚の報告書

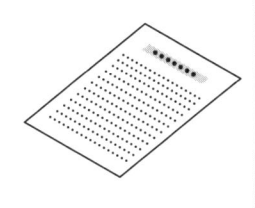

- 全体に目を通しやすくなる
- 主張が理解しやすい
- 情報が整理され、共有しやすい
- ミーティングに使いやすい
- 自然と簡潔な表現になる

2 一文を短くする

文章を分解して、箇条書きにしてみる

◎ダラダラ文章では理解できない

「表現を簡潔に！」と言われても、どうすれば簡潔になるのかがわからないという人も多いのではないでしょうか。

　文章が苦手な人の多くは、情報の整理がうまくできません。「伝えるべき内容を伝える」はずが、実際には「なんとなく言いたいことを、ダラダラ綴る」という事態に陥ってしまいます。

　次の文章を読んでみてください。

> 　コストの削減をめざすうえで、このたび仕入先をA社とB社で比較検討したところ、A社には納期が速いという側面と支払いが2カ月後というメリットがあり、B社には単価が安いというメリットがあり、単純にコスト削減を目標とするならばB社から仕入れるという選択が妥当だという結論に達しました。

　これはダラダラした文章の典型です。一読しただけでは理解できません。

一文を短くするテクニック

一文が長い文章は
読みづらく理解しづらい

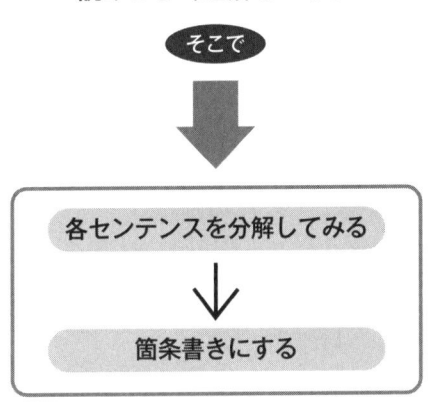

そこで

各センテンスを分解してみる

↓

箇条書きにする

普通の文章に変換しなければならないものは文章化

その必要のないものはそのまま箇条書きを採用する

読みやすい文章になる

この文章がなぜ読みづらいのかわかりますか？

　全体が１つの文で書かれているからです。文が読点（、）でつなげられ、最後まで、句点（。）がありません。

　このように「一文が長い」文章は、読みづらい、わかりづらい文章の典型です。では、どうすれば短くできるでしょうか。

◎文章を箇条書きにする

　まずは、各センテンスを分解してみます。

- ・コスト削減をめざす。
- ・仕入先をＡ社とＢ社で比較検討する。
- ・Ａ社のメリットは納期が速い。
- ・Ａ社のメリットは支払いが２カ月後。
- ・Ｂ社のメリットは単価が安い。
- ・コスト削減にはＢ社が妥当。

　以上が言いたいことのすべてです。

　文章を分解して、箇条書きにしてみると全体が非常にすっきりします。

　この作業をしたうえで、普通の文章に変換しなければならないものは文章化して、その必要のないものはそのまま箇条書きを採用します。文章の分解は決してむずかしい作業ではありません。ぜひ、試してみてください。

　今回の例題をこの方法で整理してみると、右の図のようになります。

 # 一文を短くする〈実例〉

ダメな文章

> コストの削減をめざすうえで、このたび仕入先をA社とB社で比較検討したところ、A社には納期が速いという側面と支払いが2カ月後というメリットがあり、B社には単価が安いというメリットがあり、単純にコスト削減を目標とするならばB社から仕入れるという選択が妥当だという結論に達しました。

↓

文章を分解して箇条書きにする

> ・コスト削減をめざす。————————（目的）
> ・仕入先をA社とB社で比較検討する。
> ・A社のメリットは納期が速い。
> ・A社のメリットは支払いが2カ月後。（情報）
> ・B社のメリットは単価が安い。
> ・コスト削減にはB社が妥当。————（結論）

↓

訴えたいことを整理する

> コスト削減をめざして、仕入先をA社とB社で比較検討しました。
>
> | A社のメリット | B社のメリット |
> |---|---|
> | ・納期が速い | ・単価が安い |
> | ・支払いが2カ月後 | |
>
> 以上により、B社のほうが妥当と判断しました。

3 段落の上手なつくり方

読み手にわかりやすく意味の切れ目をつける

◎意味の切れ目をつける

一枚主義で、ひと目でわかるレポート・報告書をめざすなら、箇条書きを駆使します。

冒頭にテーマや標題が書いてあり、その下に内容が箇条書きで列挙されていれば、じつにわかりやすい報告書になります。自分の日本語力をフル活用して、名文をひねり出す必要もありません。

しかし、いつでも箇条書きで処理できるかといえば、そううまくはいかないでしょう。レポートの内容によっては、ある程度の文章量で状況を解説するケースもあるでしょう。

調査結果やそれに付随する分析などの場合、自分なりに文章を構成しなければならないことのほうが多いくらいです。

そのときに意識したいのが、「段落分け」です。

そもそも段落分けが何のためにあるかを考えてみてください。一番の目的は、**読み手がよりわかりやすくなるように、意味の切れ目をつける**ことです。

"意味の切れ目"がポイントです。

段落に意味をもたせる

箇条書きを駆使する

箇条書きができないとき

段落ごとに意味を設定する

段落を変えて
意味の切れ目をつける

◎１つの段落は４～５行で

そもそも段落分けをするのは、文章の内容が変わったことを読み手に知らせるためです。

みなさんは、文章を書いているとき、どれくらい段落を意識しているでしょうか。効果的に段落を分けるために、「この段落では○○について述べる」という意識を強くもってください。

たとえば、以下のように分けてみます。

第一段落は、現状について述べる。
第二段落は、それに付随する問題点を挙げる。
第三段落は、改善案について説明する。
第四段落は、結論を述べる。

このように意味の切れ目をはっきりさせれば、それぞれの段落で述べるべき内容・情報が明確になります。

「段落によって意味の切れ目をはっきりさせる」という意識がないと、現状について述べながら、なんとなく問題点にまで言及する、ということが起こります。せっかく段落をつくっても、話が行ったり来たりして、段落がまったく意味を成さなくなります。

各段落で述べる内容がきっちり見えていれば、「どこで、何について述べるのか」を迷わなくなります。**必ず、段落の意味分けをしてから、文章作成に入ってください。**

ちなみに１つの段落の分量は、一般に４～５行程度が望ましいとされています。文字数で言えば、150～250字といったところでしょう。

段落で意味の切れ目をはっきりさせる

〈構成の例〉

| 第一段落 | ……… 現状について述べる |

第一段落 ……… 現状について述べる

第二段落 ……… 現状に関する問題点を述べる

第三段落 ……… 改善案について説明する

第四段落 ……… 結論を述べる

文書の構成法

段落の意味分けをする

（各段落で述べるべき内容・情報が明確になる）

各段落の文章を作成する

1つの段落の分量は4〜5行程度

1段落の文字数は150〜250字程度

4 読みやすい レイアウトのコツ

結論が目立つようにレイアウトを工夫する

◎「見せる文書」をつくろう

レポート・報告書では、レイアウトも非常に重要です。「伝わる」という点では、場合によっては、**内容以上にレイアウトが決め手になることもあります**。

一枚主義についての説明でも述べましたが、文書を作成するときには、「読ませる」ではなく、「見せる」という意識が必要です。相手がパッと見て読む気になる文書でなければ、せっかくの力作も無駄になってしまう可能性大なのです。

かといって、趣向をこらし、凝ったレイアウトが必要というわけではありません。相手が見やすい（読みやすい）ものであればよいのです。

あまりに凝ったレイアウトだと、「こんなことに時間をかけるな」と注意される可能性もありますから、気をつけましょう。

◎文書レイアウトの基本要素

レイアウトに関して、注意する要素は次のとおりです。これらを踏まえて文書を作成します。

「見せる」を意識してつくる

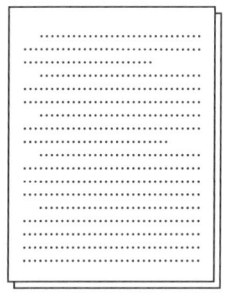

これは読む気に
なれないなあ

文字がびっしり

うん、読みやすい
報告書だ！

読みやすいレイアウト

・上下左右の余白

・1行に入れる文字数

・1枚に入れる行数

・文字同士、行同士の間隔

・改行（行を開けることも含む）

・文字のサイズ

・フォント（明朝体、ゴシック体など書体）

　作成した文書を眺めて、これら7つの要素すべてを確認してください。

　1行に入る文字数、1枚に入る行数が多すぎると、文字が詰まっている印象を受け、読む気がなくなってしまいます。

　強調すべき部分は文字を大きくしたり、フォントを変えてみたりするのも効果的です。

　文書について、「読み手は書き手ほど、真剣に読まない」という原則があります。

　すべての読み手がそうだと言いませんが、書いたことすべてが伝わらないのも事実。そのため、すべてに目を通そうとしない人にでも、**最低限の情報が伝わるようなレイアウトを心がける**必要があるのです。

◎結論を目立たせる

　レポート・報告書を受け取る相手の多くは、結論を先に知りたがります。まず結論を知って、そのあとにその結論に至った背景を知りたいと考えます。

　そのため、レイアウトは結論を目立たせるのが効果的です。**結論が正しく伝わっていれば、その文書の役割は9割がた達成したも同然です。**

読む気にさせるレイアウト

1枚の行数を適切に

3〜4行で改行する

読みやすい文字の
サイズで

タイトルはゴシック体、
本文は明朝体など

上下左右に十分な
余白をとる

1行には適切な
文字数を入れる

文字間を
詰めすぎない

行間を
詰めすぎない

5 表やグラフで 視覚に訴える

4つのグラフを使い分けよう

◎見ただけでわかる！

「見せる」レポート・報告書を作成するときには、表やグラフは欠かすことのできない重要な要素になります。とくに数値データを扱うときには、視覚に訴えることによって、説得力を格段に上げることができます。

数値データは、文章だけで相手に伝えるのは難しいものです。次の文章を読んでみてください。

> 売上げは2016年度が1000万円、17年度が1100万円、18年度が1150万円と微増ですが、経費は16年に600万円、17年470万円、18年には360万円と大幅な削減に成功しています。

いかがでしょうか。内容は理解できるとしても、数値データがもっている本来の説得力が失われています。年ごとの数値の推移が、いまひとつイメージできません。

そんなときこそグラフが有効です。ビジュアル化すれば、もはや解説の必要がないほどに訴える力をもつものです。

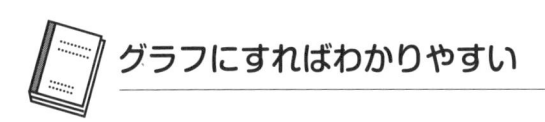

グラフにすればわかりやすい

文章ではわかりにくい

> 売上げは 2016 年度が 1000 万円、17 年度が 1100 万円、18 年度が 1150 万円と微増ですが、経費は 16 年に 600 万円、17 年 470 万円、18 年には 360 万円と大幅な削減に成功しています。

グラフにする

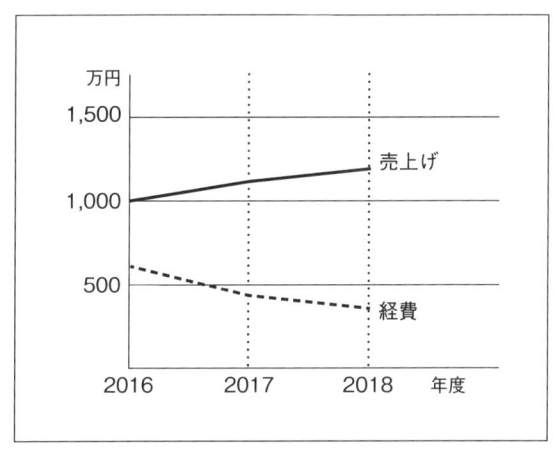

◎4種類のグラフを活用しよう

　ひと口に表やグラフといっても、さまざまな種類があります。説得力のある資料をつくるには、それぞれがもつ特性を理解し、最適なものを選択しなければなりません。

　よく使われるグラフには次のようなものがあります。

〈棒グラフ〉

　個々の数値の変化を比較、対照するのに適しています。縦軸に数量をとり、横軸に項目を並べます。

〈折れ線グラフ〉

　年代ごとなど、時系列的に数値の変化、推移、傾向を見るのに適しています。折れ線グラフと棒グラフを1つにまとめて、異なる項目を同時に示すこともできます。

〈円グラフ〉

　全体を100%として、その内訳を示すのに適しています。時計の12時を軸にして、項目ごとの構成比を示していきます。構成比の大きい順に示しますが、「その他」は最後にもっていくようにします。

〈帯グラフ〉

　円グラフ同様、構成比を示すのに適しています。年代ごとに構成比の推移を見ていく場合には帯グラフにすると見やすいでしょう。

　なお、表やグラフを文書に挿入するときは、それぞれの表とグラフに必ずタイトルをつけることも忘れないようにしましょう。

 # さまざまなグラフを使おう

棒グラフ

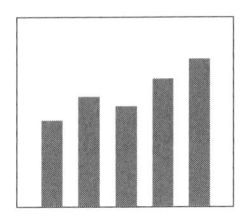

個々の数値の変化を
比較するのに適している

折れ線グラフ

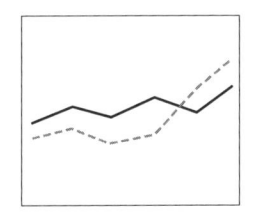

時系列で数値の変化、
傾向を見るのに適している

円グラフ

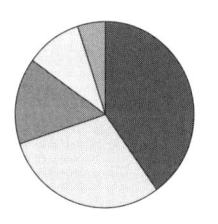

調査などの割合・内訳を
見るのに適している

帯グラフ

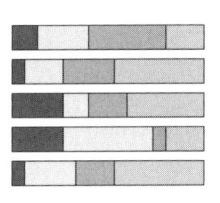

構成比を示すのに
適している

6 読みやすい文章の テクニック

文体の統一、送りがなの統一、接続詞に気をつける

◎「ですます」か、「である」か

　仕事のやりとりでは、友だち同士の会話と違って、正しい敬語を使うなど、言葉遣いに注意しなくてはなりません。ビジネス文書においても同様です。

　ここではビジネス文書の文章について、最低限注意しておきたい点を挙げていきます。

　まずは「文体」が揃っているかどうかです。
「ですます調」「である調」の２つの文体があります。

　一般に、社内でのレポート・報告書なら「である調」で書かれていることが多く、特定の人に宛てた文書や「始末書」などの場合には、「ですます調」が使われます。客観性・簡潔性を重視する場合は「である調」、丁寧さ・柔らかさを示すには「ですます調」がよいでしょう。

　どちらにしても、１つの文書のなかでは「文体の統一」が基本になります。「ですます調」の文章のなかで、便宜的に「である調」を使うことはありますが、まずは文体を揃えるという意識をもってください。

文章ルールに従って書く

文体を統一する

ですます調	である調

▼　　　　　　　　　▼

○○は××です。　　　○○は××である。

1つの文書では、
どちらかの文体に統一する

用字・送りがなを統一する

「売上」か「売上げ」か「売り上げ」か？

「売上」を使うなら
文書全体で統一して「売上」を使う。
この場合は、「売掛」「仕入」「振込」など、
ほかの用語にも送りがなをふらない。

◎「売上」か「売上げ」か「売り上げ」か

用字・送りがなを統一することも最低限のルールです。

たとえば、「売上」「売上げ」「売り上げ」という表現が混在していると、「この報告書はきちんと見直したのか？」と思われます。どれを使っても間違いではありませんが、1つの文書のなかでは統一します。内容とは関係ないところで、思わぬマイナス評価を受けることもあるので、注意しましょう。

◎同じ接続詞を繰り返さない

自分なりの意見、提案、分析などを説明するレポートの場合、接続詞の使い方一つで文章にメリハリが生まれ、全体の流れがスムーズになることがあります。

しかし、同じ接続詞を繰り返すというパターンに陥りがちの人もいます。「だから〜、だから〜」などと続くのは、読みづらいだけでなく、稚拙に感じます。

文章にアクセントを加えたり、よりビジネスライクな雰囲気を演出したりするためにも、接続詞のバリエーションを増やしましょう。下記の例を参考にしてみてください。

逆接の場合　「しかし」「けれども」「ところが」

順接の場合　「したがって」「ゆえに」「よって」

並列する場合　「また」「および」「かつ」「ならびに」

添加する場合　「そして」「しかも」「さらに」「そのうえ」

これらの接続詞を正しく使い分けるだけでも、文章をレベルアップさせることができます。

ただし、接続詞はあくまでも文章の流れをよくして、相手の理解を助けるためのもの。むやみに使わないようにします。

接続詞の基本の使い方

○○だから〜、だから〜

読みづらく、稚拙に感じる

○○だから〜、したがって〜

わかりやすく、論理的に見える

接続詞を使いこなそう

逆接	…………	しかし / けれども / ところが
順接	…………	したがって / ゆえに / よって
並列	…………	また / および / かつ / ならびに
添加	…………	そして / しかも / さらに / そのうえ
説明	…………	なぜなら / というのも
補足	…………	なお / ただし / ただ / もっとも

接続詞を上手に使えば、文章にメリハリが生まれ、

全体の流れがスムーズになる

7 参考資料を 上手に添付する

一枚主義で報告書をつくり、資料は別途添付する

◎膨大なデータは本文に盛り込まない

"一枚主義"の考え方からすると、参考資料をつけるのは相反するように感じる人もいるかもしれません。しかし、一枚主義だからこそ、参考資料のつけ方が重要だともいえます。

レポート・報告書の種類によっても異なりますが、詳細で膨大な資料を本文に盛り込むのはあまりおすすめできません。

メインの文書に、細かな数値データがたくさん載っていると、その情報を追いかけるのが精一杯で、本当に大事なことがダイレクトに伝わりにくくなるという弊害が起こってきます。

ひと目でわかる表やグラフはもちろん効果的ですが、細かな資料なら別紙として添付するほうがよいでしょう。

素晴らしい情報、価値ある数値データを並べ立てたとしても、一番言いたいことが相手に伝わらなければレポートの意味がありません。

メインの文書ではとにかく言いたいことを伝える。その補足**や裏づけとして、資料をつける**。この関係性を崩さないようにしてください。

 # 報告書1枚に資料を添付

報告書は1枚

詳しい資料が必要な場合は

1枚の報告書　　　　**添付資料**

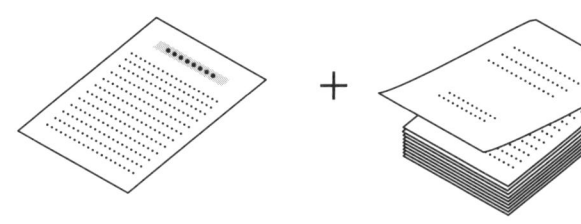

◎資料を読む上司か、読まない上司か

参考資料のつけ方は、受け取り手によって違える必要があります。

参考資料にほとんど目を通さない人もいれば、隅から隅までチェックする人もいます。あるいは、売上げやコストなどお金の動きには敏感だけど、その他のことにはあまり頓着しないという相手もいるでしょう。

要は、レポート・報告書を提出する相手がどのようなタイプなのかを見極めて、過不足のない資料を添付することが必要なのです。

参考資料にほとんど目を通さない上司なら、資料をまったくつけないという手もあります。「必要であれば、数値データを改めて提出します」とひと言添えておいて、求められれば資料を提出します。

レポートや報告書の作成を職業にしている人以外は、レポート・報告書をつくるのは、あくまで本来の仕事の進行に必要であるからです。その作成に膨大な時間をとられるのは本末転倒です。**どれだけ要領よく作成するかが大事な要素**です。

◎資料を載せるときの注意点

資料には、タイトル、ページ番号をつけ、用紙の左上をとじます。膨大な資料になるようなら、項目ごとに、新しい項目の初めのページに、簡単な要約をつけておくと読み手に対して親切です。

資料の内容については、信頼できる情報であることはもちろん、できるだけ最新のデータを使うように心がけましょう。

 # 資料を添付するときの体裁

1枚めにタイトルをつける

左上をとじる

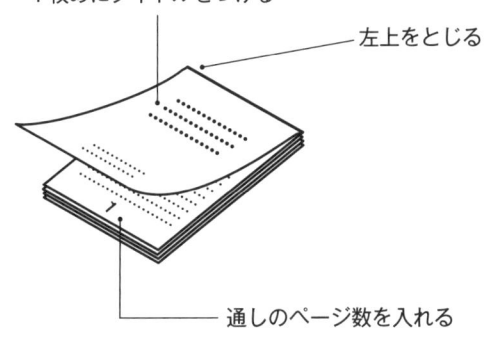

通しのページ数を入れる

分厚い資料の場合は

↓

項目ごとに簡単な要約をつける

8 報告メールのルールを覚えよう

長文の報告書は添付する

◎紙の文書以上に表現に注意する

　今やメールは日常業務に欠かせないビジネスツールとなりました。取引先などの外部とのやりとりに電話の代わりにメールを使うようになり、社内での連絡などもメールで行うことが非常に増えてきました。

　この項目では、メールで報告をする場合の書き方・送り方に関する基本的なルールを確認していきます。

〈件名を必ずつける〉

　メールを送る場合は、件名（タイトル、subject）を必ず入れるようにしましょう。件名のないメールは相手に失礼にあたります。

　さらに、一般的に使われているメールソフトでは、件名が一覧で見られるようになっているので、件名だけでメールの内容を伝えることが重要です。

　たとえば、件名の前に【緊急】【重要】などとつけて、件名が目立つようにするのも１つの方法です。

報告メールの基本ルール

必ず件名をつける
件名だけで何に関する報告か
わかるようにする

宛先を間違えない
送信ボタンを押す前に
再確認する

宛先：	

CCを追加　BCCを追加

FAX番号@fax.mcidk.com を指定するとFAX出力サービス（¥）を使用してFAXに送信できます。

送信者：　　　　　　　　　　〈　bskdief@mcidk.com　◆　〉

件名：

重要度：　普通 ◆

　　　　　☐ 開封確認をつけて送信

本文：

署名：　署名[1]：署名1　◆　署名の確認

添付：　レポート（85KB）

本文は読みやすく
ダラダラ文章を続けずに
箇条書きを意識して書く

長文は添付ファイルにする
報告が長文になる場合は
文書を添付する

〈読みやすさに気を配る〉

　相手が読みやすいように気を配るのは、メールでも紙の文書でも同様に大切です。パソコンやスマホの画面で文章を読むのは、紙面よりも見にくいので、メールでは文字の大きさ、1行の長さをチェックしてください。

　段落を分けるときには、1行空き、2行空きを使い、全体的にすっきりとした印象を与えることが肝心です。

〈長文は添付ファイルにする〉

　メール本文はあまり長くならないように注意しなければなりません。ちょっとした報告ならば、メール本文だけで十分でしょうが、長文レポート、資料などはワードやエクセルなどのファイルにして、添付して送ります。

　その際、メール本文に「どんなファイルを添付したのか」を簡潔に書いておきましょう。

〈表現に注意する〉

　メールの利点は何といっても手軽さです。しかし、それだけに言葉遣い、表現には注意が必要です。フランクな関係になったとしても、仕事上のつき合いである限り、話し言葉やジョークを使うのは控えておいたほうが無難です。対面していないため、思わぬ誤解を受けたり、相手の気分などによって、不快感を与えてしまうかもしれません。

　また、「①」などの特殊文字は文字化けの原因となるので、メール本文での使用は避けましょう。そのほか、顔文字などもビジネスシーンにそぐわないので、使いません。

メール文書の書き方

誤解を与えるような表現は使わない

読みやすいフォント、サイズを使う

本文画面の右端まで
文章がくると読みづらいので、
読点（、）で改行する

内容が変わるときには1行空ける

特殊文字は文字化けの原因になるので使わない

9 「事実」と「意見」を書き分ける

◎「事実」と「意見」を混在させない

レポート・報告書に限らず、仕事をするうえでは「事実」と「意見」を明確に区別することが重要です。「そんなことは当たり前」と言われるかもしれませんが、その「当たり前のこと」ができていない人がたくさんいるのです。

たとえば、レポート・報告書によく出てくる以下のフレーズを見てください。

①
新しい営業ルートにはニーズが少なく、売上げが 20％ダウンした。
②
キャンペーン会場には 500 人以上の人が集まり、提供した新商品は大好評だった。

とくに意識しなければ普通に使ってしまいそうな表現ですが、この 2 例には事実と意見が混在しています。

 ## 報告メールの基本ルール

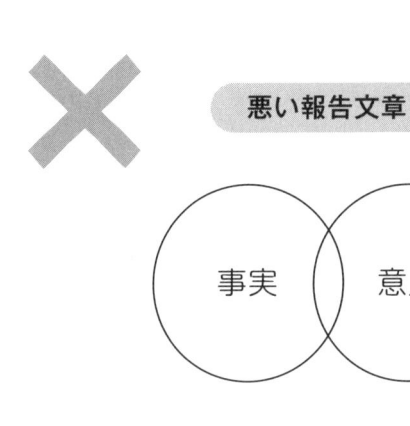

悪い報告文章

事実　意見

よい報告文章

事実　意見

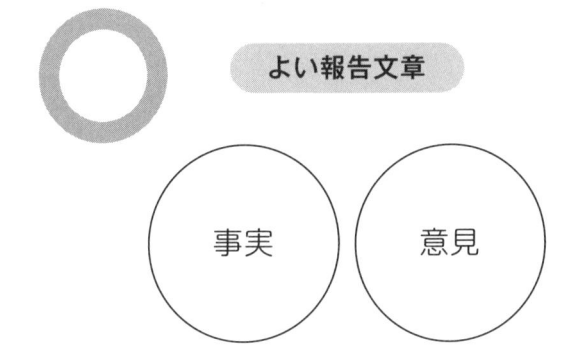

相手が知りたいのは「事実」。「意見」を述べる場合は
文を分けて、それが「自分の意見」であることを明確にする

①の例を見てみましょう。

「売上げが20％ダウンした」というのは事実ですが、「新しい営業ルートでニーズが少ない」のは事実でしょうか。それとも営業担当者の所見でしょうか。

もし、ニーズが少ないという事実があるならば、それを示す具体的なデータなどの付加的な情報が必要です。

②の例も似たような問題があります。「キャンペーンに500人以上の人が集まった」のは事実でしょう。しかし、「新商品が大好評」だったのは、何を根拠にしているのでしょうか。

この2例とも、現場の担当者が感じたことが事実のように語られています。

この場合、次のように書き直してみるといいでしょう。

①

売上げが20％ダウンした。その原因は、新しい営業ルートにニーズが少ないからだと考えられる。

②

キャンペーン会場には500人以上の人が集まった。提供した新商品は大好評だという感触を得た。

上の表現なら、事実と意見がはっきりと区別されています。

レポート・報告書では、客観的な事実が求められます。そして、意見を事実のように語っている場合には「その根拠は何か？」が追求されます。①②の例においても、「なぜ、新しい営業ルートにニーズが少ないと感じたのか？」「どうして、大好評だと思ったのか？」を尋ねられると思ってください。

レポート・報告書を作成するときには、事実と意見を分け、意見にはどんな根拠があるのかをはっきりさせなくてはならないのです。

事実と意見の書き分け方

 新しい営業ルートにはニーズが少なく、売上げが20%ダウンした。 意見

↓

 売上げが20%ダウンした。その原因は、新しい営業ルートにニーズが少ないからだと考えられる。

✕ キャンペーン会場には500人以上の人が集まり、提供した新商品は大好評だった。 意見 ↓

◯ キャンペーン会場には500人以上の人が集まった。提供した新商品は大好評だという感触を得た。

「意見」を書く場合には、

その根拠も示す必要がある

10 内容を充実させる テクニック！

◎「違い」に注目する

　レポート・報告書が苦手な人は、「もっとマシな報告書をつくれ！」と上司に怒られたことがあるでしょう。

　言われなくても"マシな報告書"をつくりたいのに、どうしたらいいのかわからないのだと思います。

　では、いったいどうすればレポート・報告書の質を上げることができるのでしょうか。

「結論を先に述べる」「レイアウトを工夫する」「表やグラフを挿入する」など、これまで紹介してきた方法を実践すれば、文書がかなりレベルアップするはずです。

　さらに、ここでは「比較」のテクニックを使ってみましょう。Aについて考えるとき、AとBとの違いに注目してAをよりわかりやすく表現する方法です。

　単純な例として、「リンゴとはどんなものか」をレポートするときのことをイメージしてみてください。このとき、リンゴそのものだけについて考えるのではなく、バナナとの違いを検証してみるほうがずっと楽です。

 **「比較」を使う**

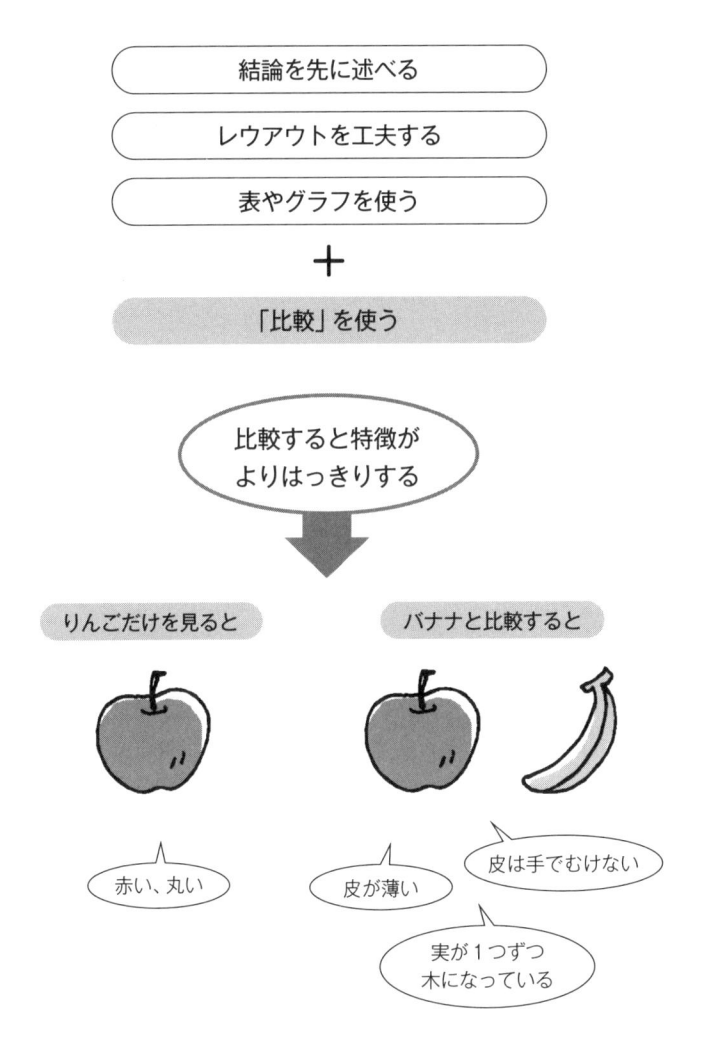

リンゴそのものを考えていると、「赤い」「丸い」くらいしか思いつかないとしても、バナナと比較してみると「皮が薄い。木になる実で、実の1つひとつが独立している」といった特徴が見えてきます。

これはどんなケースにも応用することができるので、たいへんおすすめです。

◎過去のデータと比較する

レポート・報告書において、もっとも比較しやすいもののひとつは時系列的な違いです。

昨日と今日の違い。先週と今週、前年度と今年度、過去10年の平均と今年度などで比較する場面です。

「今月の売上げは240万円でした。」という報告内容をさらに膨らませようと思うなら、次のように**過去のデータと比較する**のが一番です。

「今月の売上げは240万円でした。前月の売上げが200万円でしたから、前月より売上げ20％増です。」

また、Ａという商品とＢという商品の売上高を比較したり、それぞれの前月比を出してみたりしてもいいでしょう。

また、その商品が季節モノなら、前月と比べるのではなく、前年の同月と比較するという方法があります。実際、クーラーやビールなどは前年度6〜8月の売上げなどと比較されます。

比較のテクニックを使えば、レポート・報告書の内容はいくらでも膨らますことができます。

そのときのポイントは、“何と比較するか”をよく考えることです。

 **時系列で比較してみる**

事実だけの報告

今月の売上げは240万円でした。

「比較」してみる

現状がわかりやすい報告

今月の売上げは240万円でした。
前月の売上げが200万円でしたから、
前月より売上げ20％増です。

比較を使えば、「現状」が見えやすくなるため、

わかりやすく伝えられる

第4章

日常業務に関する
レポート・報告書の書式例

1 日報の書き方

「今日何をしたか」を共有するための文書

◎ 1日の活動を文章にまとめる

「日報」は日々の業務内容を報告するもっともベーシックな報告書です。1日の活動内容をダイジェスト的にまとめ、**進捗状況などを上司や同僚と共有すること**が一番の目的です。

また、1日の仕事を振り返り、自分なりのスケジュールチェックに利用するという使い方もあります。単に上司に伝えるだけの文書と考えずに、自分の今日1日の仕事内容・進み具合を整理し、明日以降の行動に役立てられれば、それだけ価値のあるツールになります。

◎ 「昨日とどこが違うのか」を意識する

何といっても、毎日書くことが一番大切です。その日の出来事は、その日のうちに報告する。これが日報の大前提です。

決まったフォーマットが用意されている場合には、できるだけすべての欄を埋めるようにしましょう。

日報はマンネリ化しがちです。「昨日とどこが違うのか」という点に着目して書く意識をもちましょう。

 **日報の書式例**

営業日報

提出者	○○○○			
年月日	○○○○年○月○日			
内容	商品Xの販促			
時間	訪問先	面談者 ❶	内容 ❷	結果 ❸
10時〜 10時45分	○○商事	販売課 ○○課長	比較的人気があると高評価を得る 確実な売上げが見込める	10ダース受注
11時〜 11時40分	△△デパート	商品課 ○○課長	売り場面積の削減 継続販売は厳しい状況	受注なし
1時00分〜 2時15分	□□会社	仕入課 ○○課長	商品Xは好評だがYは不評で販売を中止	30ダース受注
備考 ❹	商品Xの評判はいい。 ただし、大量受注には繋がらないのが現状。 商品Yは問題あり。			

ポイント

① 企業、部署、役職、面談者の名前は必ず記入する

② 状況を簡潔に書く

③ 結果をひと言で書く

④ 状況、問題点、対応などを書く

2 週報の書き方

◎どれほど成果があがったのか

「週報」とは、その週の仕事内容、成果などを報告するための文書です。その日単位の「日報」とは違い、ある程度まとまった内容の報告が可能となります。

そのぶん、仕事内容に加えて、**どれほどの成果があがったのか、どの程度進んだのか**という "変化した箇所" がより重要となってきます。翌週の予定・目標などを明記させて、その達成率を毎週確認している会社も多くあります。

◎「週報」を意識しながら仕事を進める

週報は週末に書きますが、「週報でどんな報告をするか」という意識をもちながら、日々の仕事をすることも大切です。目標に対してどのくらい達成できそうかと、毎日気にしながら仕事を進めるのです。

「日報」の提出がルールになっていない場合でも、1週間の動きをまとめて書くのではなく、毎日ちょっとしたメモをとっておくと週報を書くのが楽になります。

 週報の書式例

週報

週間報告書		作成日	○○○○年○月○日
期間	○○○○年○月○日（月）〜○月○日（金）	部長	印
所属	海外業務1課　報告者　　○○○○　印	課長	印
日・曜日	業務内容		備考
○日（月）	・新商品Zの関西圏でのPR活動についてミーティング		・大枠での方向性を確認 ・従来よりTVCMを増やす
○日（火）	・広告会社・PR会社への企画書作成 ・プランナーの○○氏と打ち合わせ		・○月○日（木）ラフスケッチを確認予定
○日（水）	・新規販売ルートについて、○○社の○○課長とミーティング		・現状以外のルート発掘は困難な見通し
○日（木）	・プランナー○○氏と打ち合わせ		・基本的な方向性は問題なし ・第二案で、代理店と調整予定
○日（金）	・関西圏マーケティング結果を受けて、販売部と会議		・店頭でのキャンペーンの数を増やすことで合意
特記事項	・広告戦略としての準備はほぼ順調 ・新規ルートを発掘するための、パートナー会社を探す必要あり		

① ② ③

 ポイント

① 業務内容は簡潔に書く

② 業務の進捗と予定を書く

③ 週の総括を行い、今後についても書く

3 月報の書き方

「何をやったか」と「どんな成果をあげたか」を明確に

◎目標と成果を明確にする

「月報」は、週報に比べて期間が長くなるため、「活動内容」と「成果」という要素をはっきりと区別しておいたほうがいいでしょう。「何をやったか」と「どんな成果をあげたか」を明確にしておくのです。

1カ月という期間があるので、成果が思わしくない場合には「○○のような対策をとった」など、戦略の変更が起こってくる可能性もあります。そういった動き、流れを報告する意味でも、月報が利用されます。

◎ビジュアルツールを活用する

職種、業務内容にもよりますが、ひと月の間にはある程度の変化があって当然です。月報ではその変化をいかにわかりやすく伝えるかがポイントです。

そこで活用するのが、グラフやチャート、表などのビジュアルツールです。ひと目でわかる形式で、前月との違いを強調するという方法もよく使われます。

 **月報の書式例**

○○○○年○月○日
人事課　○○○○　印

平成○年○月度　月間業務報告書

○月の予定業務 ❶	○年度　新人採用の準備について 1. 会社説明会用の資料作成。 2. 会社案内の見直し。併せて、ホームページの修正。 3. ホームページ上にエントリーフォーム作成。 4. 就職ガイダンスについて詳細を確定させる。
結　果 ❷	1. 会社説明会について、△△会館の○○氏と打ち合わせ。 2. 会社説明会用の資料を作成し、印刷会社へ発注。○月○日出来上がり予定。 3. ホームページのエントリーフォームに関して、○○クリエイツへ外注予定。予算交渉中。 4　○○大学就職課○○氏と打ち合わせ。
備　考 ❸	ＨＰ上のエントリーフォームに関しては、自社作成が困難と判断。 ○○クリエイツ以外にも、業者をピックアップしておくことが必要。

 ポイント

① 当月に予定していた業務を書き込む

② 予定業務をどう実行したかを書く

③ 月末時点での問題点を書く

4 年報の書き方

1年を総括的に評価できるような文書をつくる

◎会社にとって重要な経営資料

日報→週報→月報と続いて、最終的な形となるのが「年報」です。日報や週報が個人単位で作成することが多いのに対し、年報は部署、あるいは会社単位で作成します。

1年間にその部署（あるいは会社）がどんな活動をして、どんな成果をあげたのかをまとめた年報は、会社にとっては重要な経営資料となります。

年報の様式は、会社や部署・部門によってさまざま異なりますが、**1年を総括的に評価できる文書**をつくらなければなりません。

◎各月どんな業務が行われたか

月報と同様に、年報もグラフや表の重要度が高くなります。営業年報なら、営業成績の数値データを通年で表示し、その推移を示すというスタイルも多く採られます。

業務年報なら、各月にどのような業務が行われたのかを一覧表にするパターンも多いでしょう。

 **年報の書式例**

○○○○年○月○日
第二営業部　○○○○　印

○○○○年度営業報告書

① ［平成○年度　商品X販売実績］

	1月	2月	3月	4月	5月	6月	7月	8月	9月	10月	11月	12月	1年間合計
目標（百個）	20	20	20	20	20	40	50	50	40	20	20	20	340
実績（百個）	15	20	25	20	25	30	30	35	35	20	20	15	290
達成率（%）	75	100	125	100	125	75	60	70	88	100	100	75	85

成果 **②**	目標34,000個 実績29,000個 達成率85.29%
目標未達の要因 **③**	・冷夏が影響し、夏場の売上げが思ったように伸びなかった。 ・ライバル社BとCが立て続けに新商品を発売し、大がかりなキャンペーンをうったため、そのあおりを受けた。
反省点 **④**	他社の動向をキャッチしてから、PR展開を構築するまでの時間がかかった。 新商品の企画開発から、投入するまでのタームが長く、効果的ではなかった。
今後の取り組み **⑤**	・企画から営業までを一本化したプロジェクトチームを組んで、スムーズな対応ができる体制を整える。

 ポイント

① ひと目で目標と達成率がわかる表を使う

② 成果も数値で書く

③ 未達成の理由を明らかにする

④ 未達成の反省点を書く

⑤ 対策を具体的に表示する

5 会議報告書の書き方

「問題点」「改善案」「決定事項」の3つの要素を書く

◎「議題→プロセス→結論」を押さえる

「会議報告書」は、会議の内容と結果をわかりやすく伝えることが一番の目的です。

会議は、ある一定のテーマについて参加者が意見を述べ合い、何らかの結論を見いだすために行うものです。問題の解決方法、新しい商品の企画、課題の発見など、話し合いのテーマはさまざまですが、基本的な進行パターンはある程度決まっています。議題の提示があって、さまざまな意見が出るというプロセスを経て、結論に到ります。会議報告書では、この3つの要素をきちんと押さえておくことが肝心です。

◎中立なスタンスで書く

会議報告書のもっともむずかしいところは、たくさん出される意見の取捨選択です。自分の偏見で内容を変えてしまわないように、**中立的なスタンスで書く意識が必要**です。

報告資料として、会議で配付された資料を添付することも忘れないようにしましょう。

# 会議報告書の書式例

○○○○年○月○日
第一営業部　○○○○　印

営業会議報告書

議　題　　今後の営業方針について
日　時　　○○○○年○月○日（月）　午前10時〜12時
場　所　　第3会議室
出席者　　第一営業部　○○、△△、□□
進　行　　○○

○年度の会社方針が発表され、当第一営業部では前年度比120%が目標。この目標を達成するため、従来の営業方針の見直しを図る。

①現状の問題点について
　・営業エリアの重複が多い。
　・営業効率上問題がある。
　・前任者と後任者の引き継ぎがスムーズでないケースも多い。
　・営業スタイルにばらつきがある。メンバーのプレゼン能力そのものを向上。

②改善案
　　・エリアごとの担当制を徹底させる。
　　・顧客データの個人管理をやめる。
　　・各自の訪問履歴を公開し、情報を共有する。

決定事項　　各改善案を来週の月曜日から実施。
　　　　　　月曜日の朝礼で、問題点を確認しながら進める。

所　感　　・改善に向けた活発な意見交換がなされた。
　　　　　・個人で改善すべき点もある。
　　　　　・組織的な問題の多くは改善策の実施により解消されると予想される。

ポイント

① 議題を明確にする

② 会議内容は「問題点」「改善案」「決定事項」で まとめる

③ 会議について感じたことを書く

6 会議議事録の書き方

◎誰の意見かを記録しておく

　会議の内容を書面に残すという意味では、会議報告書と「会議議事録」は似た文書です。その違いは、議事録は会議の進行そのものを記録するという点です。

　議事録では「誰の発言なのか」をはっきりさせておくことが最重要です。「A氏が出した意見に対して、Bさんが賛成意見を出し、Cさんが別の提案をした」という、それぞれの意見、流れがわかるようにしておきます。

　ただし、すべての意見を一字一句落とさずに書いていたら、ただ冗長な文書になってしまいます。ポイントを押さえながら、うまくまとめることが議事録のコツです。

◎まとめにくいときは所感として書く

　議事録の基本は発言者をはっきりさせることですが、「賛成者多数」「2〜3の同意見あり」などと巧みにまとめていくことも必要です。意見が飛び交ってまとめにくい箇所は、書き手が所感としてまとめるという方法も有効です。

 ## 会議議事録の書式例

○○○○年○月○日
PR局　○○○○

会議議事録

1　新製品「○○○○」販促会議

2　日時・場所
　　○月○日（○）15：00〜16：30
　　第1ミーティングルーム

3　出席者 ❶
　　○○部長、○○PR局長、○○○○（PR局）、○○○○（第一営業部）

4　議事内容 ←❷
　　（1）　新製品の開発経緯、発売時期に関する説明（○○部長）
　　（2）　PRキャンペーンの実施について（○○）
　　　　・キャンペーン時期を早めたい（○○第一営業）
　　　　・規模に対してコスト面は大丈夫かとの意見（○○部長）

　　以下、意見詳細は別紙参照

5　決定事項
各課でキャンペーン計画をまとめ、○月○日（○）までにPR局に提出すること。

以　　上

ポイント

① 出席者名（部署、役職）を書く
② 誰がどんな発言をしたのか、明記する

7 提案書の書き方

仕事や職場環境・制度の改善を提案する

◎仕事に対する意欲を示す

「提案書」とは、**会社にとってメリットがありそうなことを自発的に提案するための書類**です。実際に自分が携わっている業務に直結する内容もあれば、職場の環境や制度を改善するための提案などもあるでしょう。

どちらにしても、積極的に提案書を出す姿勢は、仕事に対する意欲の表れとして評価されます。

◎効果を具体的に明示する

ただ、「こうしたほうがいいと思う」という意見だけでは、なかなか人の心は動きません。

効果的な提案書をつくるコツは、その案によってどのような効果が得られるのかをできるだけ具体的に明示することです。その説明に説得力があれば、上司や会社を動かすこともできるでしょう。また、経費がかかる提案ならば、概算でも構わないので試算を添えておきます。コスト計算がされていないと、実現性の高い提案とはいえません。

 # 提案書の書式例① お客様相談室の設置

○○○○年○月○日

○○本部長

商品管理課　○○○○

提案書

　昨今、消費者からの問い合わせや相談に加え、クレームなども増加傾向にあります。そこで、お客様の声に対応するため、「お客様相談室」の設置を提案いたします。

1．現状 ←①
・消費者からの問い合わせ、クレームは、1日平均25件程度（前年度に比べると7割増）。
・お客様の対応は商品管理課で請け負っているが、数の増加により対応が困難になっている。
・対応マニュアル、対応責任者などが未確定のため、効率的で、一貫性のあるお客様対応ができていない。
・お客様の声には、商品の改善や開発のヒントになるものも多いが、その情報を共有し、活かすシステムが整備されていない。

2．提案 ←②
・担当が常駐する「お客様相談室」を設置する。
・受付は専任が4名、新商品の発売時など問い合わせの増加が予想されるときには商品管理課より応援を出す。
・専用のフリーダイヤルを設け、消費者からの声を一本化する（受付時間は午前9時〜午後5時　土日休日は休み）。
・問い合わせ、相談、クレームなどすべてのコールをデータベースで管理。毎月1回、各部署に配布し、必要に応じて各部署とのミーティングを行う。

3．効果 ←③
・スピーディで、一貫性のある対応が可能になる。
・お客様の声を商品開発に活かせるため、当社の目指す顧客満足の向上も同時に期待できる。
・お客様の声を各部署に伝えることができ、ニーズに即した業務がやりやすくなる。

ポイント

① 改善が必要な現状を書く

② 現状を改善するための提案を書く

③ 改善後の効果を書く

 # 提案書の書式例②　部屋の使い方

○○○○年○月○日
○○○○

コミュニケーション・ルームの活用法について

　標記について、下記のとおり提案いたします。

記

1. 提案の主旨
　コミュニケーション・ルームの使用法を明確にして、より利用価値の高い空間にする。

2. 現状
　コミュニケーション・ルームは、応接室、会議室との利用方法が明確に区別されていない。
　そのため、臨時の会議室程度の認識しかされていない。

3. 提案の内容
　①5人以上の会議、部署間をまたがる会議、お客様を交えてのミーティングなどは、原則コミュニケーション・ルームを優先して使用する。
　②予約の管理はこれまでどおり総務部が行い、予約状況を社内Webに更新する。

4. 改善の効果
　・コミュニケーション・ルームは当社でもっとも新しく、設備が整っているので、有効な会議により役立つ。
　・プレゼンテーション（リハーサルを含む）にも最適。よって、積極的にコミュニケーション・ルームを使用することで、従業員のスキルアップにも寄与する。
　・訪問者の当社に対する印象もよくなる。

5. 添付書類 ←**①**
　・コミュニケーション・ルーム使用申込用紙

ポイント

① 提案を実施したときに必要になるツールなども書いておく

提案書の書式例③　製品表示の見直し

○○部長

○○○○年○月○日
○○○○

表示方法提案の件

　現在、ホームページ（以下ＨＰ）上に掲載している商品の表示方法を全面的に見直すことを提案します。

1. 現在の表示方法の問題点
    ・検索機能がなく、欲しい商品にたどり着けない。
    ・気に入った商品をカタログとしてプリントしたいという要望がある。
    ・申し込みフォームが複雑で、入力が面倒。
    ・いつのまにか新商品が更新され、顧客に周知できていない。
    ・商品の細部が確認できない。

2. 改善案
    ・目的の製品の検索機能をつける。
    ・新製品だけを一覧で確認できるページを作る。
    ・一部をダウンロード可能にして、カタログとしても利用できるようにする。
    ・注文フォームをもう少し簡略化する。
    ・３Ｄ画像で商品細部を確認できるようにする。

3. 経費　↙❶
    合計　260万円（内訳詳細は別紙）
    株式会社ＷＥＢクリエイトへの発注費。
    新たな写真撮影費など。

4. 添付資料
    制作費詳細、イメージ画像の写真

ポイント

① 提案を実施したときの必要経費も明記する

8 企画書の書き方

企画を実行する承認を得るために

◎業務に直結したアイデア提案

「企画書」とは、**自分の立案した企画を実行する承認を得るた**めの文書です。提案書に似たような書類ですが、職場環境の整備などとは違い、キャンペーンの開催、販売促進事業に関わること、あるいは新商品の開発など、業務に直結した内容が主になります。

　会社によっては、定期的に数本の企画を出さなければならないというノルマを課しているところもありますが、基本的には企画書も自発的に出すのが基本姿勢です。

　企画はアイデア勝負です。普段から意識を高くもって、いろいろなものにアンテナを張り巡らせておきましょう。

◎効果の予測を添える

　提案書と同様、企画書にも効果の予測を添えることを忘れてはいけません。上司は必ず「アイデアはいいけど、具体的にどんな効果があるの？」と聞いてきます。それに答えられれば、通りやすい企画書となります。

 **企画書の書式例**

○○部長

○○○○年○月○日
PR推進課　○○○○

新商品「ＸＸ」の販売促進キャンペーン企画書

＜企画意図＞ ❶
　来たる○月○日に発売を予定している新商品「ＸＸ」を販売するにあたり、よりインパクトを与えるために、全国20箇所で同時キャンペーンを実施する。
　ここのところ当社の新商品は顧客への周知力が弱く、競合他社と比べても発売後１カ月内の認知度が低い。そのため、店頭販売でも、新商品という新鮮さがまったく発揮されていない。その状況を改善するためのキャンペーンとなる。

＜目標＞ ❷
　キャンペーン期間中の売上げ6,000万円

＜内容＞
　企画名　新商品「ＸＸ」の販売記念　全国一斉キャンペーン
　期間　　○月○日〜○月○日
　場所　　東京４箇所、大阪３箇所を始め、全国の主要都市のデパート、ショッピングモールなど
　対象　　20〜30代の女性
　方法　　キャンペーン用のテントを張り、キャンペーンガールによるデモンストレーション
　　　　　ＴＶ・インターネットでの中継、告知

＜効果＞ ❸
　新商品「ＸＸ」の認知度がアップし、販売の初速がつくことが期待される。
　キャンペーン、マスコミ露出などにより、企業としての広告効果も狙える。
　小売店との繋がりが密になり、今後の営業にも役立つ。

＜費用＞
　総額　850万円　（詳細は別紙）

以上

ポイント

① 企画意図を説得力をもって書く

② 目標を明記する

③ 予測される効果を書く

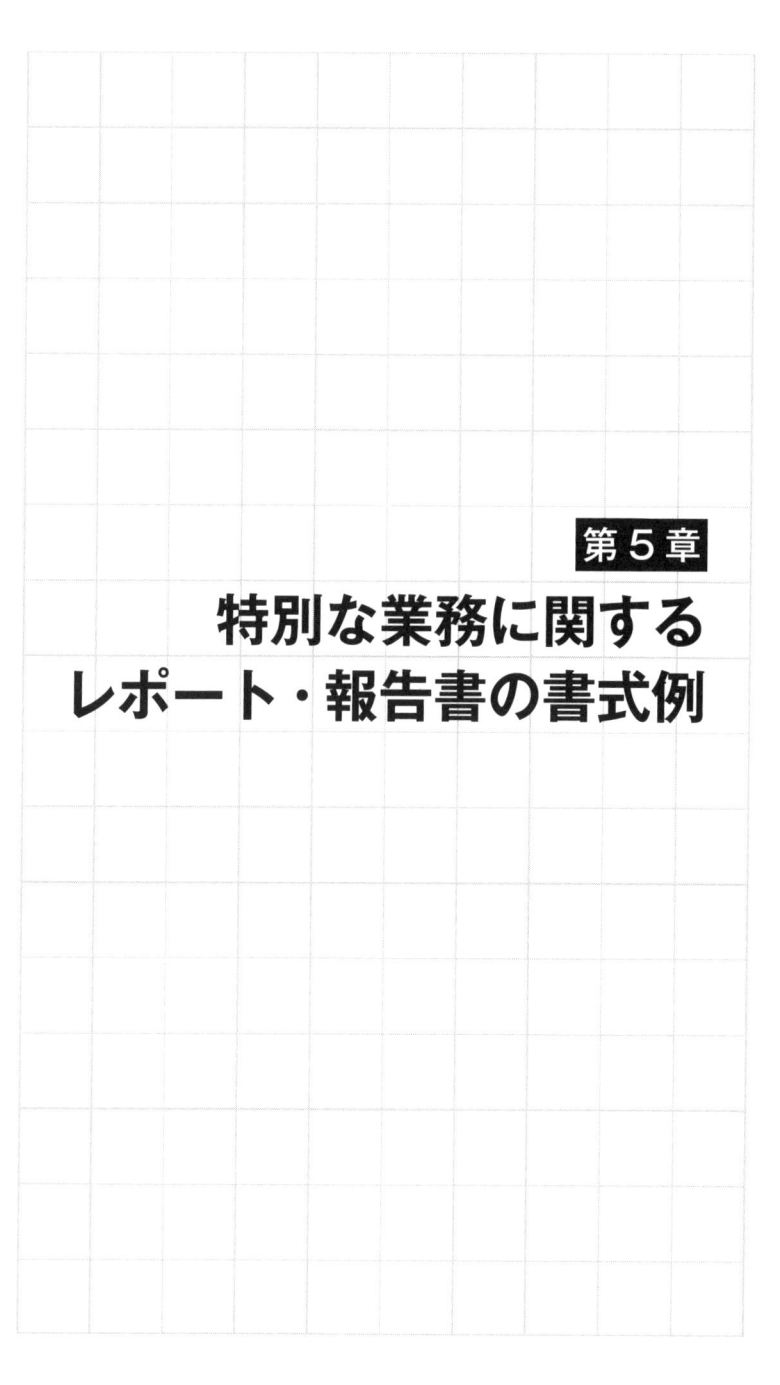

第5章

特別な業務に関する
レポート・報告書の書式例

1 出張報告書の書き方

◎出張の成果を明確に示す

「出張報告書」は、**出張の目的、内容、結果**という主に３つの**要素を報告するための書類**です。そのため、出張の目的や内容によっても報告書の中身は大きく違ってきます。

しかし、どんな出張報告書であれ、上司など報告すべき相手に対して、「何のために行って、どんな結果を得たのか」という部分が簡潔に伝わるような書類を作成する意識が大切です。成果があいまいな報告書では、「無駄な出張だった」と思われてしまいます。出張報告書では、"出張の価値"をしっかり伝えなければなりません。

◎出張中にメモを残しておく

「報告書は帰ってから書くもの」と思っている人は、今すぐ考えを改めてください。出張の目的は行く前にはっきりさせておくものですし、内容や結果も帰りの電車の中でまとめることもできます。ちょっとしたメモを残しておくだけでも、報告書の内容にかなりの違いが出ます。

 **出張報告書の書式例① 交渉目的の出張**

出張報告書

○○○○年○月○日

営業部長

営業1課
氏名　○○○○　印

期　　間	○月○日〜○月○日
同行者	営業1課　○○○○主任
出張先	株式会社○○運送 ○○県○○市○○○○
目　　的	商品ZZの輸送費に関する条件交渉
報　　告 ❶	・○○運送の面談者：営業4課長、担当主任 ・当社からの要求は、以下の通り。 　商品ZZに関しては商品YYより3割減で輸送してもらいたい。 　支払は、毎月10日締め翌月20日払い。
所　　見 ❷	・輸送費の3割減は無理だが、2割ならば可能とのこと。 　ただし、輸送量を2万個／月をキープするのが条件とのこと。 ・支払条件については了承を得る。
経　　費	計48,200円（詳細は別紙）

ポイント

① 交渉相手、交渉内容、自社の要求などを書く

② 結果を書く。保留の場合も相手の反応、意見を書く

 # 出張報告書の書式例② 地方説明会の実施

出張報告書

〇〇〇〇年〇月〇日

〇〇部　　〇〇部長

〇〇課長　　〇〇〇〇　印

出張目的	新たな人事制度の説明会
日程および 出張先	〇月〇日〜〇日　静岡支店、名古屋支社
説明会の 実施状況	・各支店の支店長、部課長、主任を対象に説明会を実施。 ・各説明会では、新しい人事制度における役職名称の変更について多数の質問あり。 ・理由を説明し、納得を得た。
備考 ❶	大筋では理解を得ることができた。 ただし、現状の人事制度のほうがベターと考える担当者も数名残っているのが現状。

出張経費	種目	金額	領収書
	交通費	72,000円	
	宿泊費	32,000円	〇
	飲食費	5,000円	
	合計	109,000円	

 ポイント

❶ 参加者の反応を詳しく書く

 # 出張報告書の書式例③　海外視察

○○部長　　　　　　　　　　　　　　　　　　　　　○○○○年○月○日
　　　　　　　　　　　　　　　　　　　　　　　　　　　○○○○　印

海外出張報告書

1．目的　　　海外メーカーの工場内ネットワーク制御装置の視察

2．期間　　　平成○年○月○日～○月○日

3．訪問先　　①○○社（アメリカ・デトロイト：半導体メーカー）
　　　　　　　②△△社（カナダ・バンクーバー：ICUチップ製造メーカー）

4．同行者　　システム管理課2名（○○○○、○○○○）

5．報告内容　←①
　①○○社のネットワーク制御装置
　・システムの稼働状態、ログイン数、時間、稼働率がすべてコントロール本部で
　　確認できる。
　・すべての機械をコントロールルームから、オン・オフが可能。

　②△△社のネットワーク制御装置
　・○○社同様、コントロールルームでログイン数、時間、稼働状態をチェックで
　　きるが、通常時のオン・オフの操作は不可。
　・危険数値の設定が3段階でレベル1の段階でコントロールルームに警告音が発生。
　・レベル2になるとコントロールルームから強制ストップの処理が可能となる。

6．所感
　○○社、△△社ともに、コントロールルームでの安全及び従業員の管理が徹底し
ている。
　特に安全管理の面では、当社にも導入の必要性があると感じた。

7．添付資料　①両社パンフレット
　　　　　　　②システム制御に関する外部用説明書
　　　　　　　③施設内外の写真

 ポイント

① 見聞した新しい技術・手法について書く

2 イベント報告書の書き方

結果や成果がきちんと伝わるように書く

◎どのような成果があったか

イベントを実施したあと、上司にその結果を報告するための文書が「イベント報告書」です。この報告書で一番大切なのは、「どのような成果があったか」という部分です。

どんなイベントを実施したのかに終始してしまうケースも見受けられますが、**結果や成果がきちんと伝わるような文書**でなければ本当の意味をなしません。

◎自分なりの所感も加える

まずは基本情報をモレのないように書きます。イベント名、日時、会場はもちろん、目的、経費、参加人数なども書き添えます。さらに、イベントの反響、成果、自分なりの所感もぜひ加えたいところです。

もし、イベントがうまくいかなかったとしても正直に書くべきです。あいまいな表現でごまかすより、問題点を浮き彫りにするほうが報告書としてはるかに価値があります。次回に活きる報告書をつくりましょう。

# イベント報告書の書式例

〇〇〇〇年〇月〇日
イベント事業部　〇〇〇〇　印

商品「GT」のPRイベントの実施結果について

　商品「GT」のリニューアルに先立ち、販売促進、及び商品訴求のためのイベントを下記のとおり開催しましたので報告いたします。

記

1. 日　時　　〇〇〇〇年〇月〇日（〇）〇時〜〇時

2. 場　所　　〇〇展示場（東京都□□区－▽▽－××）

3. 参加者　　約1200人

4. 内　容　❶
　・商品「GT」のデモンストレーション
　・同商品を使った模擬授業
　・同商品シリーズの付加ソフトのデモンストレーション
　・意見交換会

5. 所　感　❷
　・リニューアルした商品「GT」の性能を理解していただくことができた。
　・模擬授業は特に好評で、これを録画したDVDは営業ツールにも役立つと感じた。
　・意見交換会では、一般ユーザーにとってはやや高価だという声が多かった。
　・今後は、企業向けと一般向けの2つのラインをつくり出す必要があると感じた。

以上

ポイント

① 何を実施したのか具体的に書く

② 感想、手応え、お客様の声などを書く

3 調査報告書の書き方

調査内容を整理して、正確に文書にまとめる

◎何よりも精度を優先する

　企業が行う調査にはさまざまなものがあります。新商品を開発する際に行う市場調査、既存商品の売上実態調査、代理店の運営状況の調査、取引先の信用調査、社内の実態調査など、数え上げればキリがありません。

　つまり、それだけ「調査報告書」を出す機会も多いということです。必要な情報を収集し、整理して、正確に文書にまとめる。これが調査報告書でもっとも大切な部分です。

　調査の結果なので、**何よりも精度が優先される**ということを肝に銘じておかなければなりません。

◎図表を使ってわかりやすく

　正確であると同時に、わかりやすさも強く意識するべきポイントです。多岐にわたる調査をした場合など、調査報告書は資料が増え、複雑な書面になりがちです。図表を使うなどの工夫をして、わかりやすさにこだわりましょう。

　調査終了後、素早く作成して速やかに提出します。

 # 調査報告書の書式例① 市場調査

○○○○年○月○日

営業部長

企画営業部　○○○○

　新シリーズ『○○○○』の市場マーケティング調査を実施いたしましたので、下記の通りご報告いたします。

記

1．調査概要
　　①調査の目的
　　　この夏発売予定の新シリーズ『○○○○』の市場調査を実施し、ターゲット層の特定、販売数の見通しを立てる。
　　②調査方法
　　　・販売代理店主導による、顧客聞き込み調査。
　　　・専門機関（○○エージェンシー）へ委託。
　　③調査期間
　　　平成○年○月○日（○）～○月○日（○）

2．結果
　　①新シリーズ『○○○○』のデザインに関しては評価が高い。
　　②商品の利用方法がわかりにくい。
　　　利用者に対して、かなりの説明が必要だった。
　　③価格設定には不満を感じている消費者が多い。
　　　ターゲットの主流となる40代女性からは、価格が高い、現状より2割ほど価格を下げなければ購買意欲は沸かない、という意見が圧倒的だった。
　　　（調査データによる）

3．総括・所感
　　デザインに高評価を得たものの、利便性、価格に大きな問題が残った。
　　興味を示したのは40代女性で、この層がメインターゲットになることは間違いない。
　　ただし、価格にも厳しい層でもあるので、コストダウンを視野に入れて、開発をし直す必要性を感じた。

以上

 ポイント

「調査概要」「結果」「総括」の構成がわかりやすい。

 **調査報告書の書式例② 製品開発に関する調査**

○○○○年○月○日
企画開発課 ○○○○

中高年向けウォーキングシューズに関する調査報告書

中高年向けに開発中のウォーキングシューズの調査を行い、以下のような結果を得た。

1. 調査の主旨
   健康志向が高まるなか、中高年のウォーキング愛好家も急増している。
   それにともない、ウォーキングシューズの開発に役立つ実態調査を実施する。

2. 調査の対象
   ○○川の土手、○○公園内周、外周をウォーキングしている35歳以上の男女

3. 調査の方法
   調査対象の人について履いているシューズを調べ、選んだ理由等を聞き取り調査する。

4. 結果
   ①中高年の履いているウォーキングシューズは、黒と茶が圧倒的に多い。
   ②選ぶ基準の一番は価格。二番目に軽さ。
   ③女性の場合、50代、40代、30代と年齢が下がるほどに、シューズにお金をかける傾向がある。
   ④テレビCMなどの影響は少なく、店頭のみの情報で選んでいる。

5. 考察 ←❶
   コストをかけずに、安いシューズを開発する必要性が高い。
   宣伝広告費に経費を割くのではなく、できるだけ地域に密着した小売店に流通させることが大事である。

6. 添付資料 ←❷
   ・集計表

ポイント

① 調査内容に「考察」を加える

② 添付資料がある場合は報告書に明記する

 **調査報告書の書式例③　グループインタビュー**

○○○○年○月○日

○○部長

ＣＳ開発グループ　○○○○

調査報告書

　オフィス内におけるパソコン、ネットワーク関連に関するグループ調査を行ったので、以下の通りご報告いたします。

１．調査日時
平成○年○月○日　午前11時～正午

２．インタビュー場所
本社　応接室

３．インタビュー対象
　・パソコン業務に従事している20代～40代の男女8名

４．インタビューのまとめ ←
以下、インタビューで聞かれた問題点

　・起動など、パソコンの動作が遅い。
　・セキュリティソフトのバージョンアップがされていないパソコンがある。
　・セキュリティソフトのエラー警告が頻繁に出る。
　・キーボードカバーをかぶせるとホームポジションがわかりにくい。
　・新しくなったメールソフトでは受信トレイが見にくい。
　・新しくなったメールソフトでのアドレス帳は入力が面倒。
　・ワイヤレスマウスになったので落とすことが増えた。
　・OSによっては対応できないソフトが出てくる。

❶

５．新商品のアイデア ←
グループインタビュー結果から、以下のような対応が必要と思われる。
　・新規にパソコン、及びネットワークの対応部署を設置する。
　・トラブル対応のみではなく、幅広いメンテナンスをしてくれる外注業者を入れる。
　・新旧のＰＣ、ソフトウェアを管理、保存する部署を設ける。
　・ある程度の幅を持たせ、パソコン環境をそれぞれが選択できるようにする。

ポイント

① 問題点を表面化させ、次にどう活かすかを報告する

4 異業種交流会報告書の書き方

◎ "異文化" について書く

　異業種交流会には、まったく違った業種の人たちが集まり、交流を深めようという目的があります。会社の社長などが参加することも多く、まさに異文化に触れることができます。

　このような会に参加したあとに出す報告書では、自分たちの業種内ではなかなか発見できなかった部分、新たな気づきなどをまとめると効果的です。

　また、異業種の人たちだからこそ聞き出せた耳よりな情報があれば、報告書に書き添えておくといいでしょう。

◎参加者を紹介する

　「異業種交流会報告書」に記録する基本情報は、他の報告書と変わりません。

　会の名称、期日、場所、主催者に加え、参加者の紹介も大切です。そのほかは所感が中心となります。自分が感じたこと、得た情報などを書いていきます。その際、体裁やジャンルにはあまりとらわれる必要はないでしょう。

 **異業種交流会報告書の書式例**

○○○○年○月○日
○○部　○○○○　印

異業種交流会参加報告書

標題について、下記のとおり報告します。

記

1　期　日　○月○日（○）○時～○時
2　場　所　○○ビル　コミュニケーションセンター
3　主催者　○○株式会社
4　参加者　約30社の人事、研修部署の担当者（参加者詳細は別紙参照）

5　討議テーマ　「新人採用および研修制度のあり方」

6　所　感　❶
・当社も昨年採用基準を変更したばかりだが、起業3年以下の若い会社の採用基準は非常に斬新で、参考にすべき点も多かった。
・メーカーを中心に、大学生へのリクルート活動におけるプロジェクトチームの必要性を感じている企業が多かった。
・研修では、社内コミュニケーションの充実を目指し、PR会社との提携を進めている企業が多い。
・当社でも、研修カリキュラム、社外セミナーの選択幅を見直す必要があると感じた。

以　上

ポイント

① どんな点が参考になったかを書く。参加者がどんなテーマ・問題をもっていたかも書く

5 研修受講報告書の書き方

◎どんな体験をしたのか

「研修受講報告書」は、**研修を受けたあと、どのような内容だったのかを報告するための文書**です。上司の立場からすれば、わざわざ日常の業務を休ませてまで、部下を研修に出しています。研修を受けた人自身が成長することはもちろん、同じ部門で働く人たちにとってもメリットのある情報や体験をもち帰り、報告することを期待しています。

◎役に立たなかったときも正直に書く

この文書も基本情報を忘れてはいけません。研修名、研修内容、研修資料、主催者、担当講師名、期間、場所、受講料、目的などはきちんと報告しましょう。

さらに、学んだことを今後仕事にどう役立てるかという部分にまで踏み込んで書けると、上司は非常に喜びます。もし、「あまり価値がない研修だ」と感じたならば、それを正直に書けばよいでしょう。ただし、「なぜ、役に立たないのか」という理由もきちんと書きます。

 **研修受講報告書の書式例**

○○部長殿

○○○○年○月○日

営業部　○○○○　印

研修会受講報告書

(1) テーマ　　　「付加価値を伝える営業技法について」
(2) 日時　　　　平成○年○月○日（○）　○時〜○時
(3) 会場　　　　○○県民ホール（○○県○○市1−2−3）
(4) 主催　　　　株式会社　Fプランテーション
(5) 参加人数　　2名（営業1課○○、○○）
(6) 講師　　　　株式会社Fプランテーション　代表取締役　○○○○

❶

(7) 研修内容 ❷
・自社商品の付加価値の見つけ方
・相手のニーズを掘り起こす営業トークとその構成
・欲しくなる心理をくすぐるツールとは？

(8) 研修資料 ❸
・「付加価値を伝える営業技法の基本」1冊
・ツール作成シート
・現状調査シート

(9) 所感 ❹

・自社商品の付加価値を見つけるための発想法は大いに役立つと感じた。
・発想法については、他の営業部員にも大きな価値があると感じた（社内webに更新済）。
・ニーズを掘り起こすトーク、構成は、一般論的なものが多く、あらたな発見は少なかった。
・営業ツールに関しては、パソコンを利用したツール作成がかなり役だった。簡易マニュアルにして、他の営業部員にも伝えたい（現在、簡易マニュアル作成中）。

以上

ポイント

① テーマ、日時、主催者、講師などを箇条書きする

② 内容を具体的に書く

③ どんな資料を使ったのか

④ 学んだことを今後どう活かすのかを書く

6 OJT報告書の書き方

◎後輩社員の成長を報告する

最近では、どの企業でも OJT を重視しています。

OJT とは "on the job training" の略で、仕事のなかで上司が部下を指導し、育てていく社員教育の方法です。上司が部下を育て、その部下がさらに後輩社員を育てる。この連鎖がうまくいっている会社はとても成長するものです。

この OJT で、**どのような指導を行い、成果をあげたのかを報告する文書**が「OJT 報告書」です。

自分の指導方法とその結果を上司に報告するというわけです。もちろん、ここでも一番重要なのは「後輩社員がどれだけ成長したか」という結果の部分です。

◎何ができるようになったか

OJT 報告書には、決まったフォーマットがないケースがほとんどでしょうが、何を教えて、何ができるようになったのかをしっかりと書きます。そこに、今後の課題に関する意見を添えれば、社内の情報共有にも役立ちます。

 # OJT報告書の書式例

○○○○年○月○日
○○課　○○○○

OJT実施報告書

1

1　指導対象者　　○○　○○の2名

2　指導項目　　　プレゼン資料作成、及びプレゼン本番までの流れ

3　指導のねらい　**2**

　●プレゼンの全体構成を考え、自分なりの資料作成ができるようにさせる。

　●本番までの準備をすることで、スケジュール管理の重要性を体感させる。

4　実施方法　**3**

（1）　自分の担当商品について、プレゼン資料を作成させる。

（2）　その資料をもとに、プレゼンのリハーサルを行う。

（3）　反省点を挙げたうえで、資料の修正をさせる。

（4）　実際のお客様に対して、プレゼンを実施する。

5　評価　**4**

・最初の段階から、担当商品を売り込むことは比較的問題なくできていた。商品知識に関する勉強を相当やっているものと思われる。

・顧客のニーズを引き出すような仕掛けが、プレゼンの構成に盛り込まれていなかったので、その点のコツを教えたところ、格段によくなった。

・リハーサルで表情、声のトーンなども注意したので、実際のお客様の前では非常に好感の持てるプレゼンを展開することができた。

・プレゼンの構成、資料の作成に時間がかかりすぎるという問題が残るが、数をこなすことでスピードアップすることと予想される。

以上

 ポイント

① 誰を指導したかを明記

② 教育の狙いを明確に書く

③ どのように指導したかを書く

④ 指導した部下に関する評価を具体的に行う

7 稟議書の書き方

会社にどれだけのメリットをもたらすかを訴える

◎決裁者に承認を得るための文書

　仕事をするうえで、部長や役員などに承認を得なければならないケースがよくあります。スタッフを補充したいとき、機械など高価なものを購入する必要があるときなどです。そんなときに作成するのが「稟議書」です。

　稟議書は、基本フォーマットを定めている会社も多いので、まずは所定の内容をすべて埋めることから始めましょう。

◎どうすれば承認が得られるか

　第一に考えなければならないのは、「どうすれば承認が得られるか」です。新しいスタッフや機械が必要だとしても、単に「人手不足のため」というだけでは会社や上司を納得させることはできません。

　いわば、稟議書も企画書の1つです。

　自分の提案によって、会社にどれだけのメリットをもたらすか、どんな効果があるのかを訴えなければなりません。また、幹部たちが見る文書なので、言葉遣いにも細心の注意が必要です。

# 稟議書の書式例① 備品購入について

稟議書

稟議第11954号

購買部長

〇〇〇〇年〇月〇日
起案者：〇〇課　〇〇〇〇　印
稟議者：〇〇課　〇〇〇〇　印

承認年月日　平成　　年　　月　　日

承認印	部　長	会計部長
❶		

ノートパソコン購入の件

標記について下記のとおり購入致したく稟議致します。

記

希望機種：ノートPC「PPP-3000」
台数　　8台
定価　　1台195,000円（計1,560,000円）

購入理由 ❷

(1) 新たに立ち上がった「IT ネット・マーケティングプロジェクト」のチームでは、現在営業3課とパソコンを共有している状態だが、両部門とも不便を感じ、効率的な業務の障害となっている。

(2) 「IT ネット・マーケティングプロジェクト」のチームは一時的なものではなく、来春より常設部門となることが確定しており、どちらにしてもパソコンの必要性が出てくる。

(3) 「IT ネット・マーケティングプロジェクト」のチームは、訪問先でのプレゼンテーションも多く、ノートパソコンは営業ツールとしても効果が期待できる。

　以上の理由より、この機会にパソコンの購入をご承認いただきたいと存じます。

添付資料：「ITネット・マーケティングプロジェクト」の活動内容
　　❸　　　ノートパソコン「PPP-3000」パンフレット

以上

ポイント

① フォーマットがない場合は、承認印の欄を設ける

② 購入決定者が納得できる理由を書く

③ 購入予定の物のパンフレットを添付する

# 稟議書の書式例②　イベント参加について

稟議書

　　　　　　　　　　　　　　　　　　　　　　　　○○○○年○月○日

○○部長

　　　　　　　　　　　　　　　　　　　　○○課　○○○○　印

　○月○日に開催される、東日本水質調査会主催「第4回　おいしい水　探求会」への
参加要請がありましたので、下記により参加いたしたく、稟議いたします。

記

1．イベント名称　　「第4回　おいしい水　探求会」（主催　東日本水質調査会）
2．日時　　　　　　平成○年○月○日（○）　○時～○時
3．会場　　　　　　○○県立会館
4．費用　　　　　　総額45万円（詳細は別紙参照）　　　　　　❶

5．理由　❷
・当社の浄水器は開発時に、東日本水質調査会と共同研究をしているため、当イベント
　にも第一回から参加している。
・毎回、新聞・雑誌の取材も入り、浄水器の宣伝効果も期待できる。
・一般参加者も多く、東日本エリアでは浄水器の共同PRイベントとの側面を持ち合わ
　せ、このイベントが絶好の商品周知機会となる。

6．添付書類　❸
・「第4回　おいしい水　探求会」参加要綱、及び申込書
・参加費用明細
・前年度の新聞・雑誌報道記事

ポイント

① イベント名、日時、場所、費用などを箇条書きする

② イベントに参加するメリットを書く

③ 添付資料として参加申込書をつける

 **稟議書の書式例③　アルバイト雇用について**

稟議書

　　　　　　　　　　　　　　　　　　　　　　　　○○○○年○月○日

○○本部長

　　　　　　　　　　　　　　　　　　　　　○○課　○○○○　印

　新製品「フォレスト・ドリンク」販売促進のためのアルバイト雇用についてご検討いただきたくお伺いいたします。

記

１．雇用人員　　　女性３名　男性６名
２．雇用期間　　　○月○日～○月○日（５日間）　○時～○時

３．雇用理由 ❶
　上記雇用期間に販売促進キャンペーンを都内のデパート３店舗で実施。そのスタッフとしてアルバイトを雇用したい。
　１店舗につき販売員（女性）、会場設置及び商品補充（男性２名）をセットとして、キャンペーンを展開する。男性２名は、ビラ配りも行う。

４．賃金　　　　　日給7,500円 ❷
５．募集方法 ❸
「アルバイト・マガジン」「アルバイトWeb」に募集広告を掲載する。

６．総予算　　417,500円 ❹
　〈内訳〉7,500円×9名×5日＝337,500円
　　　　　広告掲載料　8万円

ポイント

① 雇用期間が決まっていれば、期間も明記する

② 時給、日給を書く

③ 募集の方法について提案する

④ 総予算を書く

8 レポートの書き方

客観的な事実から独自の展開を導き出す

◎ "総合的な能力" が試される

「レポート」は、日常業務に関する内容を上司に伝える報告書とは違ったタイプの文書です。報告書は、客観的な事実を端的に伝えることを主な目的としていますが、**レポートでは自分なりの分析、所感などの比重が多くなってきます。**

そのため、質のよいレポートを作成するためには、情報収集能力に加え、情報リテラシー、観察力、洞察力、分析力など、総合的な能力が必要となります。

集めた情報から、どんな分析をして、どのような結果が導き出されるのか。こういった構成を自ら生み出さなければならないのです。

それだけに、優れたレポートを提出すれば、社内の評価が高まります。経営者はつねに、独自の視点をもった良質なレポートを求めているといっても過言ではありません。部下から提出されたレポートを読んで、経営上の戦略や事業計画を立てる際の参考にしているという例はいくらでもあります。

上司に言われたから出すというのではなく、積極的にレポートを提出するようになれば、周囲の目が変わってくることは間違いないでしょう。

◎「分析」「結論」がもっとも重要な部分

レポートにはとくに決まったフォーマットはありません。必要な情報、分析結果などがもっとも効果的に相手に伝われば、それでOKです。

とはいっても、まずは基本構成を押さえておきましょう。レポートの基本構成は以下の通りです。

目的 → テーマ概要 → 結果 → 分析・結論 → 所感

まずは「目的」です。何のために調査をして、どんな効果を狙っているのかを明確にすることが大切です。

次の「テーマ概要」では、調査方法、セミナーの概要などレポートを構成している素材について、簡潔に説明します。

その後、「調査結果」などをまとめたうえで、「分析」や自分なりの「結論」に入っていきます。

この分析、結論がレポートでもっとも重要な部分といえます。客観的な事実から独自の展開が導き出されれば、それだけ価値の高いレポートとなります。

しかし、オリジナリティを出そうと思うあまり、分析が偏ってしまってはいけません。独断も避けます。客観的な事実について、独自性があり、偏見のない分析を加えるという絶妙なバランスが、優れたレポートを生みます。

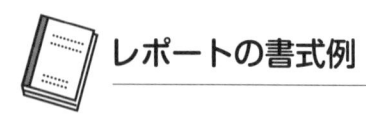

レポートの書式例

○○○○年○月○日

PR推進部　○○○○　印

『○○フェス』共同開催に関するレポート

　当社のPR活動、地域貢献活動の一環として『○○フェス』の共同開催について、関係者からの意見聴取、経費の見積もりなどが終了したので、開催概要と併せてご報告いたします。

記

1．『○○フェス』共同開催の主旨

　『○○フェスは』商店街組合が主催する地域密着型のフェスティバルであり、このフェスティバルを共同主催することにより、当社の主力商品「△△ドリンク」「▽▽フード」の売れ行きも上がり、商品認知度も高まると思われる。

　さらには、企業イメージの向上にも繋がり、地元に根付いた企業という地位を確固たるものにできる。

2．日　時　○月○日（○曜日）～○月○日（○曜日）

3．場　所　□□商店街　ロングアーケード、及び中央広場

4．内　容

（1）クリスマスイルミネーション・コンテスト
　　　商店街の各店舗がイルミネーションを競う。

（2）年末市民ライブ　～1万人で第九を歌う～
　　　中央広場でコーラス隊、有志でベートーベンの第九を合唱。

（3）年末ヨサコイ
　　　全国からのヨサコイグループによるダンスコンテスト。

5．費用　1400万円　（詳細は別紙参照）
❷

6．宣伝・広報　○○新聞○月○日朝刊（首都圏版）に広告掲載
❸　　　　　　　　　　その他ＴＶ・新聞・雑誌の取材申込み多数。

7．事前調査

　『○○フェス』は今年で13回を数え、前年度は県外からの来場者も増え、3万人以上の動員を記録した。とくに、ヨサコイに参加するグループ、その関係者、応援団、見物人などが多く、ヨサコイ会場付近のホテルは3カ月前から満員で予約が取れない状態。

昨年の来場者に、当社商品「△△ドリンク」「▽▽フード」に関するアンケート調査を実施したところ、商品を知っていた人は「△△ドリンク」で11％、「▽▽フード」で8％に留まった。

　昨年の同フェスに協賛した□□株式会社の商品に至っては、8割以上の人が「知っている」、6割の人が「フェス期間中に飲食した」と回答。

　同フェスによる訴求効果はかなり高いものと思われる。

　株式会社マーケティング・リサーチ社に広告効果の試算を依頼したところ、5,500万円規模の効果があるとの調査結果を得た（詳細は別紙）。

7．所　感

『○○フェス』共同開催となれば、すべてのイベント、マスコミ取材において当社の名前、商品名をPRすることが可能となる。

　フェス期間中の売上向上ももちろんだが、全国から参加者が集まることを考えると、相当な周知効果が期待できる。

　また、マスコミ関係者との連携する機会も増え、今後のキャンペーンイベントで、ＴＶ・雑誌で扱われる機会増大にも繋がる。

　単に、後援という形で参加する（費用は10〜50万円）ことも考えられるが、広告効果を考えれば1,400万円の経費をかける価値があると考える。

8．添付資料　　（1）経費計算書
　　　　　　　（2）昨年のフェスでのアンケート調査結果、質問票
　　　　　　　　　（3）昨年のＴＶ取材テープ、雑誌、新聞掲載記事
　　　　　　　　　（4）マーケティング・リサーチ社の調査結果
　　　　　　　　　（5）昨年のフェスを紹介するパンフレット・写真

以上

① 開催の趣旨を明記する

② 費用と宣伝方法を書く

③ 事前調査を行っていれば詳細に書く

④ 事前調査から予想されるメリットを書く

⑤ 前回分の結果報告書、アンケート、パンフレットなどがあれば添付資料にする

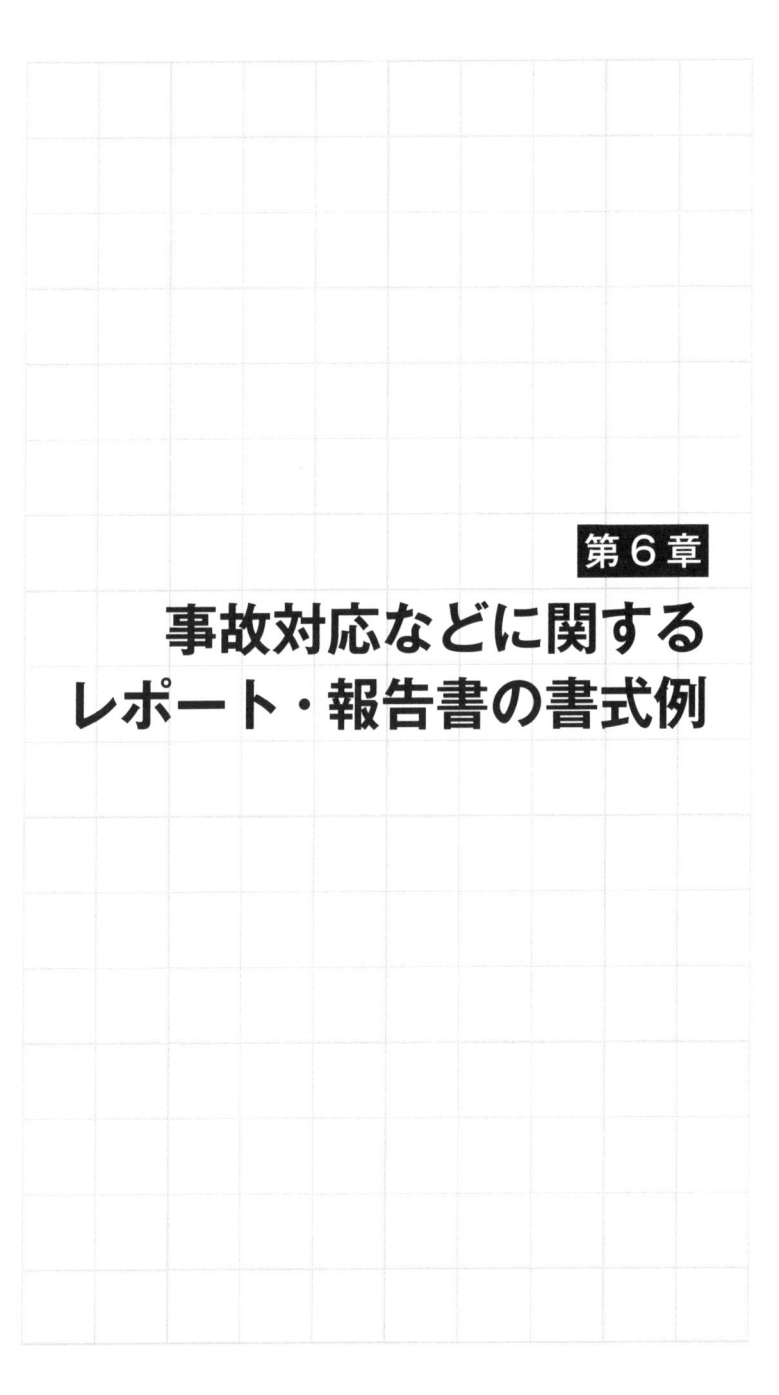

第6章

**事故対応などに関する
レポート・報告書の書式例**

クレーム対応報告書の書き方（個人向け）

寄せられた意見と対応法を客観的に書く

◎クレームはアイデアの宝庫

一般消費者からのクレームに対して、どのように対応するか。これは企業側が真剣に取り組まなければならない問題の1つです。発生したクレーム自体よりも、その後の対応によって企業のイメージが大きく左右されます。

クレームは、企業イメージにダメージを与えることがありますが、企業にとって商品の改善や開発に役立つアイデアの宝庫でもあります。つまり、「クレーム対応報告書」には、それだけ重要な役割があるのです。

◎顧客の言い分を書く

クレーム報告書では、**顧客が訴える内容をモレなく書くこと**が大切です。たとえ「顧客の使い方に問題があった」と思っても、報告書では顧客の言い分を書かなければなりません。

クレームに対してどう思ったかではなく、消費者からどんな意見が寄せられ、どのように対応したのかを客観的に書くところにクレーム対応報告書を作成する意義があります。

# クレーム対応報告書（個人向け）の書式例

○○○○年○月○日
報告者　カスタマー・マーケティング室
○○○○

クレーム対応報告書

・発生日　○年○月○日
・受付者　お客様相談センター　○○○○
・受付方法　電話

・発生先
　○○○○様
　東京都○○区○○－△－△△（℡　○○○－○○○－○○○○）

・対象商品
　コピー複合型プリンター　ＡＢ-111CD

・使用状況
　3カ月前に購入し、○○製のパソコンに接続して利用。
　デジカメのメモリーを直接挿入して、プリントするケースが多い。
　使用頻度は、1週間に5〜6回。

・内容 ❶
　2、3日前から、写真プリントの色がにじむ。
　コピーの文字もかすれて、読みにくい。

・対応 ❷
　提携業者○○が○月○日に訪問し、確認。
　インク噴射機の一部がつまっていることが判明。
　クリーニングを行い、問題なくプリント可能な旨を確認。
　状況を説明し、納得いただく。

・今後の対策 ❸
　顧客自身でインク噴射機のクリーニングをしてもらうようマニュアルに記載することを
　提案する。

ポイント

① クレーム内容は詳しく書く

② どのように対応したかを書く

③ 今後の対策を立てる

2 クレーム対応報告書の書き方（取引先向け）

◎最善のクレーム対応を継続するために

　消費者だけではなく、取引先からクレームを受けることもあります。この場合も、企業としての対応の仕方によって、その後の信用度が大きく異なってきます。

　もちろん、ミスを犯さないことは仕事の前提ですが、クレームが発生したとき、迅速かつ的確に処理をすれば、以前よりも信頼を得て、受注が増えるケースもあります。

　組織として最善のクレーム対応を継続するためにも、質の高い「クレーム対応報告書」を書かなければなりません。

◎ミスを隠してはいけない！

　問題が発生したときこそ、社内での情報共有が不可欠です。当人にしてみれば、自分のミスを少しでも隠したいと思うかもしれませんが、クレームが発生した経緯、相手の言い分などを正確に報告すべきです。のちに、賠償訴訟などに発展する場合もあるので、**最初の段階から正直に報告する**。これがクレーム対応報告書を作成するときのもっとも大切な意識です。

 # クレーム対応報告書（取引先向け）の書式例

○○○○年○月○日

○○課長

報告者：○○主任　○○○○　印

クレーム報告書

クレーム発生日時　平成○年○月○日　○時
受付者　　　　　　○○課　○○○○
受付方法　　　　　電話

発生先　　　　　　○○株式会社
　　　　　　　　　担当者　○○課　○○○○様
　　　　　　　　　電話番号　（×××）×××−××××
対象商品　　　　　ＴＸ-0123ＢＢ（タイプＡ）

＜クレームの内容＞
　今月から納品先の変更連絡をしたにもかかわらず、以前の住所に商品が届いている。今後、同様のミスのないようにご注意いただく。なお今回は○○株式会社で転送いただけるとのこと。

＜対応＞❶
・クレームを受けた日に、○○と担当者○○の２名で先方に出向き謝罪。
・正しい住所へ再送する旨を伝えるが、不要とのこと。

＜今後の対策＞❷
・今回のミスは送付先入力漏れによって発生したため、発送先のチェック欄を設け、未チェックのものは担当部署に確認するようにする。
・送付先リストを月に一度点検するようにする。

ポイント

① 対応時の相手側の反応も明記する

② 今後の対策は必ず明記する

3 始末書の書き方

状況説明は簡潔にして、謝罪の気持ちを前面に

◎言い訳をしてはいけない

「始末書」とは、**自分自身**や**部下**が起こした**問題**について書く**"詫び状"**のようなものです。問題が発生した経緯をわかりやすく説明したうえで、「二度と同じ過ちを犯しません」という反省の意を相手に伝えることを目的としています。

反省の姿勢を示す文書で、言い訳するのは論外です。問題が起こった経緯、状況を正しく伝える努力は必要ですが、くどくどと言い訳するようなことはしない。それが始末書の基本スタンスと心得ましょう。

◎ていねいな言葉を選ぶ

始末書は「です・ます調」で、できるだけていねいな言葉を選ぶようにしましょう。

事の次第を正しく伝えることは必要ですが、あまり詳細な説明をすると言い訳がましく思われる危険性があります。状況説明は簡潔にして、謝罪の気持ちを前面に出すようにします。最後に、言い訳がましくないかチェックすることも忘れずに。

 # 始末書の書式例① 備品の損失について

○○○○年○月○日（○）

○○部長　○○○○様

第二営業部　○○○○　印

始末書

　○○○○年○月○日、出張（静岡工場）から会社への帰路の新幹線内に、備品のノートパソコンを置き忘れてしまいました。降車後、直ちに駅係員に確認し、届け出を出しましたが、発見には到りませんでした。

　私の不注意によるパソコンの紛失で会社に多大な損害を与え、たいへんご迷惑をおかけいたしました。深く反省し、心からお詫び申し上げます。

　今後、取り扱いには細心の注意を払い、二度とこのような不始末を繰り返さぬよう心がけます。

以上

ポイント

① 経緯を詳細に記し、自分がどう対応したのかを明記する

② 素直に反省し、同じ過ちを繰り返さないことを誓う

 # 始末書の書式例② 酒席での非礼について

○○○○年○月○日

○○部長

システム開発部
○○○○　印

始末書

　○○○○年○月○日夜、△△会館での「懇親パーティー」の席上、□□商事の○○○○専務に対し、たいへん非礼な態度をとってしまいました。

　責任はすべて、飲酒の度を過ごした私にあります。

　私の不始末により、会社に甚大なるご迷惑をおかけしたことを深くお詫び申し上げます。

　今後は、二度とこのような失態を起こさないよう、自らを厳しく律することをお約束いたします。

以上

 ポイント

① 誰に対して迷惑をかけたかを明示する

② 素直に反省し、同じ過ちを繰り返さないことを誓う

 ## 始末書の書式例③　取引先に対する失態について

　　　　　　　　　　　　　　　　　　　　○○○○年○月○日

○○部長
○○○○　様

　　　　　　　　　　　　　　　　○○課　○○○○　印

　　　　　　　　　　　　　始末書

　　❶
　株式会社△△様および○○○○株式会社様への○月分の代金請求を取
り違え、両社に誤った請求をしてしまいました。　　　　❷
　私の失態により、株式会社△△様からはお叱りを頂き、商品の一部を
キャンセルされるという事態を招いてしまいました。
　私の不注意で、会社に多大な損失を与えてしまったことを心から反省
し、お詫び申し上げます。
　今後は請求書に限らず、送付物全般について十分注意し、再三チェッ
クする所存でおります。二度とこのような不始末を繰り返さぬよう、精
進して参ります。❸

　　　　　　　　　　　　　　　　　　　　　　　　　以上

 ポイント

① 会社名などを明記する

② ミスによってトラブル、キャンセルが発生し
　た場合は、それも書く

③ 今後の対策を書き、反省を誓う

4 顛末書・理由書の書き方

◎問題の経緯を説明する

　トラブルや事故を起こしたときに提出する文書には、始末書のほかに「顛末書」「理由書」と呼ばれるものがあります。**始末書よりは比較的軽いミスのケース、正当な理由がある場合に書く文書です。**

　顛末書・理由書という名称からもわかる通り、問題の経緯を説明することを主眼にしている点が、始末書と大きく違うところです。

◎謝罪は不要

　この文書の目的は、事の顛末を正しく相手に伝えることです。感情的な表現は避け、問題の経緯を冷静に、客観的に述べることが求められます。

　被害が継続している場合には、現状を伝え、今後どのように対応していくかも付加すべきです。また、再発防止策を提示しておくと、さらによい文書になります。

　特別なケースを除き、謝罪は必要ありません。

# 顛末書の書式例① 不合格品の発生

○○○○様

○○○○年○月○日
○○○○　印

顛末書

　○○○○年○月○日の△△倉庫内製品検査において発生した不合格品について、下記のとおり顛末を報告いたします。

記

1．不合格品の内容
　　対象製品　ＤＶＤメディア「ＶＶＴＸ-30」2400枚
　　不合格内容
　　　①録画途中に書き込みが勝手に終了してしまう。
　　　②一部再生不可になる。

2．発生の顛末
　・化学薬品ＸＸの劣化のため、本来の機能を果たしていないことが判明。過去に問題がなかったため、薬品ＸＸの使用可能期限は管理していなかった。
　・○月○日以降に生産した同商品はすでに回収済み。
　・○月○日に、同数を配送済み。
　・薬品ＸＸ及び、ＹＹの期日管理を工場長へ指示。

以上

ポイント

①「反省」よりも、問題の顛末がどうであったかをわかるように書く。経緯を伝え、最終的な対処まで書く

 **顛末書の書式例②　荷崩れ事故の発生**

○○○○年○月○日

○○部長

○○プラント　工場長○○○○　印

❶ **顛末書**

　○月○日、○○プラント内にて発生した荷崩れ事故について、下記にご報告いたします。

1. ○月○日○○時○○分、第一倉庫に積んであったパルプロールが荷崩れを起こし、作業中だった管理課○○が負傷するという事故が発生しました。

2. 負傷した○○は、ただちに救急車で近くの○○厚生病院へ搬送されました。

3. 同じく管理課の○○によると、パルプロールを束ねていたワイヤーにトラックの荷台クレーンが引っかかり、ワイヤーが切断されたとのこと。そのため、パルプロールの荷崩れが起こってしまいました。

4. ○○厚生病院に搬送された○○は手首の打撲で全治3週間と診断されました。

5. 先月の工場内配置換えの際、車両通行ルートを明確に設定していなかったことも一因と考えられます。
　直ちに、車両ルートを設定し、集積場との安全距離を保つよう徹底いたしました。

以上

ポイント

① 時系列に経緯を説明し、今後の対策まで書く

理由書の書式例　納期の遅延

○○○○年○月○日

○○部長

○○課長　○○○○　印

❶　　　　　　　　　　理由書

　○○○○年○月○日に納品予定だった「商品PX246」は、納期が遅延し○月○日の納品となりました。その理由を以下にご報告します。

1. ○月○日の大雪により、株式会社△△より部品Xの到着が遅れ、それにともない当社の全工程に遅れが発生。完成予定の○月○日より、2日遅れて○月○月に「商品PX246」が完成。

2. ○月○日まで続いた大雪により、道路事情が悪化して、当社から○○商事への輸送も不可能となり、○月○日の道路事情回復を待って○月○日の納品となった。

以上

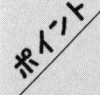
ポイント

① なぜ、そのトラブルが発生したのか、その理由を書く

5 事故報告書の書き方

発生した事故の状況、被害の程度などを伝える

◎発生後の記録としての意味合いもある

「事故報告書」は、**事故や災害が起こったとき、その内容を伝えるために作成するもの**です。事故発生の瞬間というよりは、事故の処理が終わったあとに報告するケースが多く、記録としての意味も兼ねています。

発生した事故の状況、被害の程度などを伝える内容が中心ですが、同様の事故が再発しないよう防止策を一緒に書き添えることもあります。

◎基本情報をモレなく書く

まずは、基本情報をモレなく書くことが大切です。発生日時、場所、被害状況など、現場に立ち会っていない人が読んでも事態を把握できることをめざします。現場写真、原因解明となる資料などを添付することで、より詳細に事故の状況を伝えることが可能となるでしょう。

事故については、自らの責任を逃れようとしたり、過度に感情的な表現はせず、事実を客観的に書くことが求められます。

 **事故報告書の書式例①　社内ネットワーク停止事故**

○○部長　○○○○様

○○○○年○月○日

○○○○　印

事故報告書

　○月○日に発生した社内ネットワーク停止事故について、以下の通り報告いたします。

事故の発生 ❶	○○○○年○月○日○時○分頃、社内ネットワークが停止し、データベースの照会、更新が一切できなくなった。
対応 ❷	報告を受けた直後、○○課でも事態を確認。 各部署へ連絡。 ○○システムズ、担当○○様へ連絡し、約3時間後に復旧。
原因 ❸	○月○日に実施した社内サーバーの取り替え時に配線ミスを犯したことが判明。
今後の対策 ❹	サーバーシステムなどの取り替え作業後は、すべてのシステムが正常どおり可動するかをチェックする。 ○○課で確認不可のシステムについても、各部署へ連絡し、可動確認を依頼する。

 ポイント

① 事故の発生日時を必ず明記する

② どんな対応をしたか、経緯はどうだったのか

③ 原因を誰でもわかるように書く。原因がわかっていないときは「原因はまだわかっていない」「現在調査中」と書く

④ 今後どんな対策をとるかを書く

事故報告書の書式例②　業務中の交通事故

○○部長

○○○○年○月○日

○○課　○○○○　印

交通事故報告書

　○月○日に発生した交通事故について、下記の通り報告いたします。

記

発生日時❶　　○月○日　○時○○分頃
発生場所　　　○○県○○市○○-××　△△工事現場内
事故の種類❷　工事現場に設置した壁にトラックの側面が接触。
事故原因　　　運転手○○○○の不注意、警備員の誘導ミス
事故の概要❸　工事現場内にトラックが進入しようとした際、前方の資材をよけようと
　　　　　　　して、現場を区切る壁に接触。その衝撃で、壁の上部が外れる事態が発
　　　　　　　生したが、落下等の問題はなかった。
　　　　　　　接触した壁とは反対側に警備員が立っていたため、壁との距離が確認で
　　　　　　　きなかった。

届出署❹　　　○○市１丁目派出所
車両登録番号　△△　あ11-22
負傷者　　　　なし

備考　　　　　事故車両は○○整備工場で修理中。
❺　　　　　　車両が接触した際破損した壁上部は、新しいものに取り替え済。

以上

 **事故報告書の書式例③　不良品の発生**

〇〇〇〇年〇月〇日

〇〇部長

品質検査課　〇〇〇〇　印

不良品発生報告書

　〇月〇日出荷予定の電子レンジ回転テーブル用モーター「IH-335」において、下記のとおり不良品が発見されましたので、報告いたします。

記

1．状況

　〇〇工場内、出荷用チェックをしたところ「IH-335」に一部回転不具合のある製品を発見。

　他の製品も確認したところ、つぎのとおり不良品が発見された

　　①IH-335　　　　　検品数1200個　不良品90個

　　②IH-336B　　　　検品数1600個　不良品110個

　　③NB-144　　　　 検品数4600個　不良品140個

2．対応

・各製造部門に機械の総点検を指示（現在、製造ラインを部分的にストップ、総点検を実施中）。

・各納品先に状況を説明し、納品の遅れを連絡。

　A商事のみ、担当者不在。その他の取引先については現状問題なし。

3．対策

　明日中に解決しない場合には、△△工場にて増産体制を取る。

　工作機械製造メーカーにも確認して、メンテナンスの回数を増やすよう依頼。

　製造過程のチェック項目を2段階増やし、再発防止に努める。

以上

 ポイント

① 不良品数のデータがあれば明記する

② 事故の対応と対策を書く

6 慶弔報告書の書き方

結婚、葬儀、入院の3つのケースで作成する

◎冠婚葬祭の事実を伝える

「慶弔報告書」は、取引先など仕事上の関係者、あるいはその家族、親族に冠婚葬祭があったときに作成する文書です。**会社の役員、その他の人たちに、冠婚葬祭の事実を伝える**ことが一番の目的です。

この報告書を確認したうえで、葬儀に参列したり、結婚祝いの電報を打つなどの対応をする場面も多いので、とにかく情報が正確であることが何よりも大切です。

◎書き間違いは厳禁

慶弔報告書を作成する主なケースとしては、結婚、葬儀、入院という3つが考えられます。どのケースでも氏名の間違いなどがあっては、先方に対して非礼になります。氏名、式典の名称、住所などに間違いがないか、繰り返し確認しましょう。

とくに、葬儀は対応を急がなければならない場面も多いでしょう。そんなときこそ、落ち着いて正しく書くことを心がけてください。書いたあと、同僚にも確認してもらいましょう。

 **慶弔報告書の書式例**

○○○○年○月○日
○○部　○○○○　印

慶弔報告書

下記のとおり報告します。

記

1　慶弔の種類
　　○○○○様（○○歳）ご逝去
　　（△△株式会社社長○○○氏のお父様）

2　日時
　　○月○日　午後○時○分　○○県○○市○○病院にて、心不全のため

3　通夜及び告別式
　　通　夜　○月○日（○）午後○時から○時まで
　　　　　　○○セレモニーホール
　　　　　　○○県○○市△△丁目×-×　電話番号：（×××）×××-××××
　　告別式　○月○日（○）午前○時から○時
　　　　　　場所は通夜に同じ
　　喪　主　○○○様

以上

 ポイント

① 名前を間違えないよう、繰り返し確認する

② 通夜、告別式の日時、場所、喪主など間違っていないか、複数の人の目で確認する

〈著者プロフィール〉
株式会社ザ・アール

1982年設立の人材総合プロデュース会社。
Revolution Recruit Renaissance をコンセプトに「仕事を通じて社会変革・貢献をしていく」を企業理念としている。人材の最大活用、人の自立・働きがいのプロデュースをテーマに掲げ、教育・人材派遣・調査・コンサルティング等を組み合わせ、「人材総合プロデュース」「HR(Human Resources) ソリューション」「CS プロデュース」を提供している。
著書に『これだけは知っておきたい「プレゼンテーション」の基本と常識【改訂新版】』『これだけは知っておきたい「敬語」の基本と常識』などがある。
http:www.ther.co.jp

福田牧子（ふくだ　まきこ）

株式会社ザ・アール専属講師。ザ・アールの研修講師として20年以上の実績を持つ。ロジカルな考え方とソフトな伝え方による「わかりやすい研修」をモットーに、一般企業から官公庁まで幅広い業界で、新入社員からマネジメント層に至るまでの研修を実施。高い調査分析力によって覆面調査分析や報告会も多数担当している。
論理的な思考力と簡潔明瞭な講話を得意とし、ロジカルシンキングやビジネスライティング、ファシリテーション、コーチングなどの研修で参加者の納得度が高い。受講者のモチベーションを高めるために問いかけを織り交ぜ、参加者を承認することを意識した「参加型の研修」が好評を博している。

〈編集協力〉ことぶき社
〈イラスト・本文DTP〉富永三紗子

これだけは知っておきたい
「レポート・報告書」の基本と常識　改訂版

2018年9月2日　初版発行

監修者　株式会社ザ・アール
発行者　太田　宏
発行所　フォレスト出版株式会社
　　　　〒162-0824　東京都新宿区揚場町2-18　白宝ビル5F
　　　　電話　03-5229-5750（営業）
　　　　　　　03-5229-5757（編集）
　　　　URL　http://www.forestpub.co.jp

印刷・製本　萩原印刷株式会社

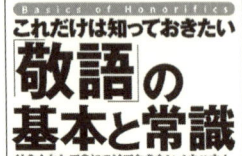